Ronald D. Davis

Legasthenie als Talentsignal

Ronald D. Davis

mit Eldon M. Braun

Legasthenie als Talent-signal

Lernchance durch kreatives Lesen

Mit erweitertem Praxisteil

Die amerikanische Originalausgabe erschien 1994 unter dem Titel
The Gift of Dyslexia
bei Ability Workshop Press, San Juan Capistrano, Kalifornien,
die erweiterte Neuausgabe 1997 bei The Berkley Publishing Group,
New York.

Aus dem Amerikanischen von Albrecht Giese

Genehmigte Sonderausgabe für
Weltbild Verlag GmbH, Augsburg 2001

Gesamtherstellung: Wiener Verlag, Himberg
Printed in Austria

ISBN 3-7205-2227-X

Inhalt

Geleitwort von Vera F. Birkenbihl 7
Vorwort 9
Danksagung 11
Einleitung von Dr. Joan M. Smith 13

ERSTER TEIL
Was Legasthenie wirklich ist 19
1. Das Talent, auf dem die Legasthenie beruht 21
2. Die Lernbehinderung 26
3. Auswirkungen der Desorientierung 33
4. Legasthenie in Aktion 39
5. Zwanghafte Lösungen 46
6. Leseschwäche 50
7. Rechtschreibschwäche 56
8. Rechenschwäche 59
9. Schreibschwäche 62
10. Mangelnde Aufmerksamkeitssteuerung 69
11. Körperliche Ungeschicklichkeit 76
12. Der Weg aus der Sackgasse 79

ZWEITER TEIL
Der kleine P. L. –
eine Entwicklungstheorie der Legasthenie 87
13. Wie Legasthenie entsteht 89
14. Der Zweijährige und das Kätzchen 93
15. Der Drei- bis Fünfjährige 96
16. Der erste Schultag 98
17. Die »Behinderung« 103

DRITTER TEIL

Das Talent . . . 111
18. Worin besteht das Talent? . . . 114
19. Wißbegier . . . 120
20. Kreativität . . . 122
21. Die Gabe der Meisterschaft . . . 126

VIERTER TEIL

Die Beratungsmethode . . . 129
22. Wie erkennt man Legasthenie? . . . 131
23. Symptome der Desorientierung . . . 135
24. Das geistige Auge . . . 140
25. Das Davis-Training . . . 146
26. Die Wahrnehmungsdiagnose . . . 152
27. Das Orientierungstraining . . . 165
28. Loslassen und überprüfen . . . 198
29. Feineinstellung . . . 204
30. Koordination . . . 213
31. Grundlegende Symbolbeherrschung . . . 216
32. Drei Schritte zu leichterem Lesen . . . 232
33. Symbolbeherrschung bei Wörtern . . . 240
34. Wie geht es weiter? . . . 252

ANHANG

Glossar . . . 257
Register . . . 265
Kontaktadressen . . . 268

Geleitwort

Wer dieses Buch in die Hand nimmt, kennt wahrscheinlich einen Legastheniker oder eine Legasthenikerin. Wer selbst betroffen ist, wird vom *Hörbuch** *zu diesem Buch* mehr profitieren können. Jedenfalls stehen Sie jetzt vor dem aufregenden Erlebnis, dieses bahnbrechende Werk eines amerikanischen Betroffenen zu lesen. Ronald D. Davis ist es gelungen, das »Problem« Legasthenie zu ent-*problem*-atisieren, wobei er es auf brillante Weise darstellt und löst!

Sie werden begeistert sein, denn die gute Nachricht lautet: Legastheniker haben als Kleinkinder eine Technik erlernt, die es ihnen ermöglicht, wesentlich kreativer und ganzheitlicher zu denken als »normale« Leute. Diese genialen Fähigkeiten »bezahlen« sie jedoch mit »Problemen« beim Lesen und Schreiben, *wenn* der Unterricht im herkömmlichen Stil abgehalten wird. Wenn man hingegen einige einfache Übungen durchläuft, ist das »Problem« lösbar, während die Betroffenen ihre geniale Fähigkeit begreifen und als Stärke »ausbauen« können, statt weiterhin das Gefühl zu haben, sie seien »Sonderschulmaterial« – eine Einstellung, die das normale Schulsystem leider oft vermittelt. Viele Legastheniker »landen« sogar in der Sonderschule, wo sie dann gar keine Chance mehr haben zu begreifen, daß sie in vielem wesentlich begabter sind als normale Menschen! Deshalb betone ich in meinen Seminaren immer: »Normal« heißt ja nicht »körperlich, see-

---

* *Legasthenie als Talentsignal* von Ronald D. Davis ist im Ariston Verlag auch als *Hörbuch* lieferbar: 6 Audiokassetten, davon eine spezielle Übungskassette, mit Begleitbroschüre (ISBN 3-7205-2015-3).

lisch, geistig gesund«, sondern lediglich: »der Norm entsprechend« (und somit »durchschnittlich«!). Wenn also jemand »abnormal« ist, heißt das nicht unbedingt, er oder sie sei schlechter als »normal«; so auch Legastheniker und Legasthenikerinnen!

Der Autor war extrem betroffen: Teilweise autistisch *und* Legastheniker, hat er schließlich seine eigene Situation analysiert und die Ursache herausgefunden sowie eine Technik entwickelt, die leicht nachvollziehbar ist. Wenn man erfährt, welche Freude es für ihn war, das *erste* Buch (von inzwischen vielen!) mühelos selbst von vorne bis hinten zu lesen, und daß Lesen ihm danach nur noch Spaß gemacht hat, und wenn man bedenkt, wie Millionen von Legasthenikern sich tagtäglich weiter quälen müssen, weil sie (und ihre Eltern) noch nicht wissen, daß diese genial Begabten im normalen Schulsystem aufgrund ihrer Begabung »versagen« müssen, dann muß man handeln! Und genau damit beginnen Sie gerade. Ich garantiere Ihnen ein faszinierendes Lese-Erlebnis.

Übrigens, wenn Sie Menschen kennen, die betroffen sind (über 1,5 Millionen Erwachsene in Deutschland sind ja Fast-Analphabethen!), oder wenn Sie von Eltern solcher Schulkinder und Studenten hören – dann empfehlen Sie dieses Buch bitte weiter!

Vera F. Birkenbihl

Vorwort

(Eine Szene aus meinem Leben im Jahre 1949)

Die Uhr an der Wand des Klassenzimmers tickt langsamer und langsamer. Tick ... tick ... tick ...

»Schneller, bitte! Schneller! Bitte, bitte!« Die Worte des kleinen Jungen sind kaum hörbar. Jeder Muskel in seinem Körper ist angespannt. Seine Finger zucken nervös. Seine Knie sind fest zusammengepreßt, sie stoßen gegen die Wand der Zimmerecke, in der er zitternd am Boden hockt. Er wippt langsam vor und zurück, achtet aber sorgfältig darauf, daß das zusammengelegte weiße Taschentuch nicht verrutscht, das ihm – Zeichen seiner Minderwertigkeit – wie ein Fähnchen lose auf dem Kopf liegt.

»Bitte, bitte!« flüstert er wieder. Er holt tief Atem und stöhnt. Aber es hilft nicht, nichts hilft. Kurz darauf fängt es an, zuerst ein paar Tropfen, dann der Rest. Er hofft im stillen, daß es nicht so viel ist, daß eine Pfütze auf dem Boden entsteht.

Er läßt sich gegen die Wand sinken und drückt sein Gesicht in die Ecke. Seine Hände kreuzen sich im Schoß, sie verdecken hoffentlich den nassen Flecken. In diesem Augenblick ist er froh darüber, daß er nicht mit den anderen Kindern die Schule verlassen wird. Vielleicht sind sie alle schon fort, wenn er nach draußen kommt, und keiner wird es merken, keiner wird ihn verspotten. Er hat diese Hoffnung schon hundertmal gehabt, aber vielleicht wird er wenigstens diesmal nicht die schrecklichen Rufe hören:

»Blödmann!«

»Blödmann!«

»Guck mal, der Blödmann!«

»Der Blödmann hat wieder in die Hose gepißt.«

Als die Glocke läutet und anzeigt, daß die Schule aus

ist, zuckt er zusammen. Mitten im Geschrei und Tumult der weggehenden Kinder bleibt er reglos in seiner Ecke sitzen. Hoffentlich guckt niemand in seine Richtung. Könnte er doch nur unsichtbar sein! Erst als das Klassenzimmer leer ist, wagt er sich zu rühren, wagt er es, einen Laut von sich zu geben.

Während der Lärm allmählich verhallt, beschleunigt sich das Ticken der Uhr. Tick ... tick, tick!

Kaum hörbar flüstert der Junge etwas vor sich hin.

»Was hast du gesagt?« dröhnt plötzlich eine laute Stimme direkt hinter ihm.

Wenn er es nicht bereits getan hätte, würde er nun in die Hose urinieren. Er preßt sich, so gut er nur kann, in die Ecke und versucht so klein zu sein wie nur möglich.

Eine der Hände, die ihn in die Ecke geschoben hatten, packt ihn an der Schulter und dreht ihn herum. »Was hast du gesagt?« fragt die Stimme streng.

»Ich habe Gott gebeten, mich nicht mehr in die Ecke zu stellen.«

Das Gebet dieses Kindes ist der Grund, warum dieses Buch entstand.

Ronald D. Davis

Danksagung

Auf dem Buchdeckel steht mein Name. Aber meine Frau Alice hat genauso schwer mitgearbeitet wie mein Koautor Eldon M. Braun, um dieses Buch in Ihre Hände zu legen. Sie war nicht nur unsere Lektorin, sondern diente auch als Mittlerin bei Konflikten und als Heilerin angekratzter Egos.

Zwei weitere Personen verdienen besonderen Dank: Dr. Fatima Ali, die Leiterin des Reading Research Council und seit 1981 meine Mentorin, und Larry Rochester, ohne dessen Hilfe wir nie hätten anfangen können.

Unter den vielen anderen, die uns inspiriert und unterstützt haben, seien namentlich erwähnt:

Rakaia Ansari
Dr. Richard Blasband
Alease Helmick Davis
Courtney Davis
Sarah Derr
Jim Evers
Bill & Charlotte Foster
Dr. Louis Gann
Jeff Gershow
Dr. Albrecht Giese
Larry & Susan Gilbert
Dr. Brian Halevie-Goldman
Rev. Beth Gray
Chris Jackson
Betty Ann & Dehlia Judah
Keith & June Monaghan
Vickie Morgan
Jacqueline Pratt
Dana Rahlmann
Marilyn Rosenthal
Dr. Barry Schwartz
Dr. Joan M. Smith
Jill Stowell
Dorothy Towner

Zuletzt sei den Tausenden von Legasthenikern gedankt, die den Weg in das Reading Research Council (Davis Dyslexia Association) fanden, und ebenso denen, die jede Woche neu zu uns stoßen. Sie sind die Antwort auf meine Gebete und der Anstoß, nun an die Öffentlichkeit zu gehen.

Einleitung

Ich habe 25 Jahre lang mit lernbehinderten Schülern gearbeitet und die Erfahrung gemacht, daß es immer der Schüler ist, der mir zeigt, was ich wissen muß. Es überrascht mich daher nicht, daß ein Legastheniker vortritt, um uns über Legasthenie aufzuklären.

Als Schüler hatte Ronald D. Davis unter den typischen Ungerechtigkeiten und Demütigungen zu leiden, die den meisten nur zu vertraut sind, denen der besondere Lernstil, den man als Legasthenie bezeichnet, zu eigen ist. Die einzigartige Verbindung von Begabungen und Schwächen, Fertigkeiten und Behinderungen, die Ronald Davis in seinem Buch beschreibt, kennt jeder Betroffene.

Als Lehrer vermittelt Ronald Davis uns einen empirischen, aus erster Hand stammenden Einblick in die unmittelbare Erfahrung des Legasthenikers. Er beschreibt mit leicht verständlichen Worten, wie anders der Legastheniker lernt. Er zeichnet ein anschauliches, wirklichkeitsgetreues Bild von dieser Erfahrung und eröffnet uns damit das Verständnis, das wir benötigen, um erfolgreich zu unterrichten.

Ronald Davis gibt uns vier verschiedene Schlüssel zum Verständnis dieses besonderen Lernprozesses:

1. Die Erkenntnis, daß der Lernstil des Legasthenikers eigentlich eine Begabung ist.
2. Das Wissen um die lebensnahe, dreidimensionale Wahrnehmungsweise des Legasthenikers.
3. Das Erklärungsmuster der Desorientierung.
4. Techniken, mit denen man der Desorientierung und damit den legasthenischen Symptomen beikommt.

Das legasthenische Syndrom zeigt sich in einer großen Vielfalt von Symptomen. Aus diesem Grunde steuern Fachleute aus verschiedenen Disziplinen eine Vielfalt von Definitionen bei. Zu den Merkmalen, die am häufigsten beobachtet werden, zählen gravierende Lese-, Rechtschreib- und Schreibschwäche sowie die Verkehrung von Symbolen. Dazu kommen oft Verwirrung im Bereich von Raum und Zeit, Desorientierung und erschwertes Begreifen gewisser Dinge.

Manche Legastheniker machen die Erfahrung, daß sie allem Anschein nach völlig unfähig sind, lesen zu lernen. Selbst als Erwachsene ringen sie immer noch mit der Schwierigkeit, Laute und Buchstaben zusammenzubringen, um Wörter zu entziffern. Sie können sich nicht an Symbole oder Kombinationen von Symbolen erinnern. Wörter, die sie kennen, kommen ihnen in geschriebener Form nicht bekannt vor. Auch nach jahrelangem Sonderunterricht schneiden sie in schriftlichen Prüfungen, was die Worterkennung angeht, gewöhnlich unter dem Niveau der vierten Klasse ab.

Andere Legastheniker können Wörter ziemlich gut lesen. Wenn sie laut lesen, klingt es ganz normal und verständlich. Aber sie verstehen das Gelesene nicht. Sie müssen einen Satz mehrmals durchlaufen, um ihm eine gewisse Bedeutung zu entlocken. Schreiben ist für viele äußerst schwierig; die Symbole der Sprache sind eine endlose Quelle der Frustration für sie.

Beide Arten von Legasthenikern leiden unter den gleichen Demütigungen und Frustrationen.

Diese Menschen sind immer eine Herausforderung für Lehrer und Forscher gewesen. Ihre Unfähigkeit, zu lesen und ihre Intelligenz in der herkömmlichen Weise einzusetzen, hat unsere Organisation dazu inspiriert, ständig nach weiteren Erklärungen und Lösungen für ihre Schwierigkeiten zu suchen. In unserem Bemühen, unseren Klienten am Melvin-Smith Learning Center zu helfen, prüfen wir sämtliche Methoden, die uns zu Gehör kommen.

1983 wurde einer unserer legasthenischen Schüler von seinen Eltern zum Reading Research Council von Ronald Davis gebracht. Damit wurden wir zum erstenmal mit einem wirklich einzigartigen Programm bekannt. Als der Schüler zu unserer Schule zurückkehrte, befand er sich aufgrund seines Erfolgs in Hochstimmung. Er behauptete, er könne sich nun zum erstenmal ohne Ablenkung auf eine Aufgabe konzentrieren.

Ich habe ihn sofort gefragt, was denn diese große Wende verursacht habe. »Das kann ich Ihnen nicht sagen, Frau Dr. Smith«, sagte er. »Es kann Sie krank machen. Nur Legastheniker können das. Andere werden davon krank.« Ich weiß heute, daß er von dem Orientierungstraining sprach, das er bekommen hatte, und von dem Gefühl der Übelkeit, das Nichtlegastheniker manchmal verspüren, wenn sie *des*orientiert sind. Aber damals war ich verunsichert und skeptisch. Ich beschloß, zu warten, zu beobachten und zu sehen, ob sich irgendwelche dauerhaften Veränderungen in seinem Lernverhalten zeigen würden.

Ich bemerkte bald, daß er sich eindeutig besser auf seine Schulaufgaben konzentrieren konnte. Gegen Ende der achten Klasse konnte er in eine renommierte Schule überwechseln und war dort offensichtlich erfolgreich. Er war viel selbstsicherer geworden, und im Wort- und Symbolbeherrschungstraining verbesserte sich seine Lese- und Schreibfertigkeit stetig.

Zwei Jahre später hörte ich von einem weiteren Schüler, der im Begriff war, am Programm des Reading Research Council teilzunehmen. Diesmal war die Situation anders. Ich wurde eingeladen, mitzukommen und die Techniken zu erlernen, mit denen man ihn nach Abschluß des Trainingsprogramms weiter unterstützen könnte. Ich war bereits sehr neugierig geworden und deshalb auch stark daran interessiert, das Programm selbst aus nächster Nähe kennenzulernen.

Nach allem, was ich dann sah, beschloß ich kurzerhand, mich in den von Ronald Davis entwickelten Orientierungs- und Symbolbeherrschungstechniken trainieren zu lassen. Seitdem haben weitere Mitglieder unseres Lehrkörpers dieses Training absolviert, und diese Techniken sind nun ein fester Bestandteil der Arbeit am Melvin-Smith Learning Center.

Erzieher und Psychologen können den von Ronald Davis geprägten Begriff der »Orientierung« unschwer als »Aufmerksamkeit« identifizieren. Im Orientierungstraining findet der Klient einen festen Bezugspunkt zur Stabilisierung der Aufmerksamkeit. Der Hauptzweck dieser Übung ist, Desorientierung und Verwirrung im Umgang mit Symbolen, also beim Lesen, Schreiben, Buchstabieren, Sprechen und Rechnen, zu verhüten. Es kommt eine starke visuelle Stabilisierung zustande, die die Fokussierung der Aufmerksamkeit stützt und nach Aussage der meisten Klienten ein Gefühl bewußter »Kontrolle« hervorruft. Die Kontrolle über den eigenen Lernprozeß zu gewinnen ist von größter Wichtigkeit für das Lernen, besonders wenn ein so komplexer Vorgang wie das Lesen erlernt wird.

Ronald Davis hat völlig recht, wenn er den legasthenischen Lernstil als Talent versteht. Wir haben seit Jahren beobachtet, daß Personen, die unter legasthenischen Symptomen leiden, meist sehr intelligent sind. Die Veranlagung, die solche Menschen für die Verwechslung symbolischer Information empfänglich macht, zeigt sich in anderen Bereichen als Begabung. Sie haben zum Beispiel eine sehr wirklichkeitsgetreue, plastische Vorstellung von den Dingen und wissen daher intuitiv, wie sie funktionieren.

Sie besitzen eine angeborene Fähigkeit, alle möglichen Gegenstände zu reparieren. Maschinen, Elektronik, alle Arten von Installationen und Konstruktionen, die bildenden Künste und dergleichen sind für sie ein offenes Buch. Aufgaben, die Erfindungsgeist, Einfallsreichtum und anschauliche Vorstellung erfordern, fallen ihnen meist sehr leicht. Dies ist wahrscheinlich der Grund, warum so viele Erfinder, Wissenschaftler, Künstler, Athleten und sonstige schöpferische Menschen legasthenische Züge aufweisen.

Wenn die Orientierung erlernt ist, verwendet der Klient die von Ronald Davis entwickelte Symbolbeherrschungstechnik, um seine Lese- und Schreibfertigkeit zu verbessern und alle Unklarheit und Unsicherheit in bezug auf Buchstaben, Wörter, Satzzeichen, Zahlen und mathematische Symbole zu beseitigen. Diese Techniken stimmen in bewundernswerter Weise mit der Lerntheorie überein. Sie benutzen die Sinne und verbinden sie mit dem Begrifflichen. Der Schüler sieht und berührt den zu erlernenden Gegenstand, benennt ihn, schreibt den Namen nieder und entwickelt so einen klaren Begriff von dem Gegenstand. Dieser Gebrauch mehrerer Sinne stimuliert wichtige Bereiche des Gehirns und stützt dadurch das Langzeitgedächtnis.

Die obengenannten vier Schlüssel zum Lernprozeß, die Ronald Davis uns gegeben hat, waren stets von Nutzen für unsere Klienten und haben unsere Erforschung des legasthenischen Syndroms vorangetrieben. Unser vertieftes Verständnis hat uns dazu befähigt, unseren Klienten, ihren Familien und Freunden, ihren Lehrern und Helfern oder Arbeitgebern ein klareres Bild von der legasthenischen Erfahrung zu vermitteln. Die Bestätigung, die wir von unseren Klienten bekommen, gibt uns das sichere Gefühl, daß wir auf dem richtigen Weg sind. Wir können jetzt also die Erfahrungen des Legasthenikers nachvollziehen.

Wenn wir Klienten diagnostizieren und ihnen ihre Situation erklären, sagen sie häufig: »Richtig, genau so erlebe ich das.« In diesem Moment bricht ihre Isolation auf, und ihre Konfusion läßt nach. Sie sind bereit, sich auf die Veränderungen einzulassen, die mit dem Training verbunden sind.

Seine Erfahrungen sowohl als Schüler wie auch als Lehrer, an denen Ronald Davis uns in diesem Buch teilhaben läßt, bereichern unser Verständnis für Millionen von Menschen, die den einzigartigen Lernstil der Legasthenie verwenden. Ronald Davis gibt uns ein Instrument an die Hand, mit dem wir den Lernprozeß des Legasthenikers verstehen können. Er hat wirksame Techniken entwickelt, mit denen wir auf ungewöhnliche Lernbedürfnisse antworten können, und dies wiederum gibt uns neue Hoffnung auf Erfolg.

Dr. Joan M. Smith

Dr. Joan M. Smith, Schulpsychologin und Sprachtherapeutin, ist Leiterin des Erziehungsprogramms der Melvin-Smith Learning Center, deren Zentrale sich in Sacramento, Kalifornien, befindet. Sie ist Verfasserin und Mitverfasserin zahlreicher Bücher und Artikel zur Thematik der Sonderschule.

ERSTER TEIL

Was Legasthenie wirklich ist

(Abdruck mit besonderer Genehmigung von North America Syndicate)

1

Das Talent, auf dem die Legasthenie beruht

Bei dem Wort »Legasthenie« denken die meisten nur an Schüler, die Schwierigkeiten mit Lesen, Schreiben und Rechnen haben. Einige denken dabei nur an die Verdrehung von Buchstaben und Wörtern, andere an Kinder, die langsam und mit Mühe lernen. Fast alle sehen darin eine Art Lernbehinderung. Aber die Lernbehinderung ist nur ein Aspekt der Legasthenie.

Bei einem Fernsehinterview wurde ich einmal nach der »positiven« Seite der Legasthenie gefragt. Als Teil meiner Antwort zählte ich etwa ein Dutzend berühmter Legastheniker auf. Die Gastgeberin bemerkte daraufhin: »Ist es nicht erstaunlich, daß alle diese Leute Legastheniker waren und trotzdem Genies sein konnten?«

Ihre Bemerkung schoß haarscharf am Ziel vorbei. Diese Leute waren nicht Genies *trotz* ihrer Legasthenie, sondern gerade *wegen* ihrer Legasthenie!

Als Legastheniker ist man nicht automatisch auch ein Genie. Aber es stärkt das Selbstwertgefühl aller Legastheniker, wenn sie wissen, daß ihr Verstand in derselben Weise funktioniert wie der Verstand berühmter Genies. Und sie sollen auch wissen, daß sie nicht dumm oder unbegabt sind, nur weil sie ein Problem mit dem Lesen, Schreiben und Rechnen haben. Dieselbe geistige Funktion, die Genialität erzeugt, erzeugt auch die Legasthenie. Sie ist ein Talent im wahrsten Sinne des Wortes: *eine Gabe und Begabung, eine natürliche Fähigkeit*. Sie ist eine besondere Qualität, die das geistige Potential der Person steigert.

Berühmte Legastheniker

(Die meisten der hier aufgezählten Persönlichkeiten sind Amerikaner. In Deutschland gilt es leider immer noch als ein wenig »beschämend«, Legastheniker zu sein. Daher haben sich bisher nur wenige berühmte Deutsche zu ihrer Legasthenie bekannt, und Nichtlegastheniker scheuen sich, andere als Legastheniker zu bezeichnen, als wäre es ein Makel.)

Generäle/Politiker	*Winston Churchill* *General George Patton* *Nelson Rockefeller* *Woodrow Wilson*
Wissenschaftler/Erfinder/ Techniker	*Alexander Graham Bell* *Charles Darwin* *Thomas A. Edison* *Paul Ehrlich* *Albert Einstein* *Henry Ford*
Künstler/Schriftsteller	*Hans Christian Andersen* *Stephen J. Cannell* *Gustave Flaubert* *Auguste Rodin* *Leonardo da Vinci* *W.B. Yeats*

Schauspieler/Sänger/ Entertainer	*Harry Belafonte* *George Burns* *Cher* *Walt Disney* *Danny Glover* *Whoopi Goldberg* *Gay Leno*
Sportler	*Bruce Jenner* *Greg Louganis* *Jackie Stewart*

Nicht alle Legastheniker entwickeln die gleichen Talente, aber sie teilen gewisse geistige Funktionen. Hier die grundlegenden Fähigkeiten, die alle Legastheniker besitzen:

1. Sie benutzen die Fähigkeit des Gehirns, Sinneswahrnehmungen zu verändern und zu erzeugen (ihr Haupttalent).
2. Sie nehmen ihre Umgebung sehr bewußt wahr.
3. Ihre Wißbegier ist überdurchschnittlich.
4. Sie denken vorwiegend in Bildern, nicht in Wörtern.
5. Sie besitzen Scharfblick und starke Intuition.
6. Ihre sinnliche Wahrnehmung und ihr Denken sind vielschichtig.
7. Sie erleben Gedachtes als real.
8. Sie verfügen über eine lebhafte Phantasie.

Wenn diese acht grundlegenden Fähigkeiten nicht von Eltern oder Erziehern abgewertet, unterdrückt oder zerstört werden, führen sie zu zwei charakteristischen Eigenschaften: zu überdurchschnittlicher Intelligenz und zu außergewöhnlicher Kreativität. Diese zwei Eigenschaften können das wahre Talent der Legasthenie hervorrufen – die Gabe der Meisterschaft. Sie kann auf vielen Gebieten und auf vielerlei Art und Weise zustande kommen. Bei Albert Einstein zeigte sie sich in der Physik, bei Walt Disney in der Kunst, bei Greg Louganis im Sport.

Ein anderer Blickwinkel

Wenn wir unsere Perspektive ändern und die Legasthenie nicht länger als Behinderung, sondern als Talent betrachten wollen, dann müssen wir zunächst klar und deutlich definieren, was die Legasthenie wirklich ist und wodurch sie verursacht wird. Dies wird nicht nur die negativen, sondern auch die positiven Aspekte ins Licht rücken und uns die Entstehung der Legasthenie erklären. Die Vorstellung, man könne die Legasthenie überwinden, wird einem dann nicht mehr so unwahrscheinlich vorkommen. Und in einem weiteren Schritt können wir dieses Phänomen auch als das Talent erkennen und erforschen, das es in Wahrheit ist.

Bevor ein Legastheniker die positive Seite seiner Veranlagung wirklich erfassen und schätzen kann, muß er sich mit der negativen Seite auseinandersetzen. Das soll nicht heißen, daß die positive Seite erst auftritt, wenn man die negative in den Griff bekommen hat. Das Talent ist immer vorhanden, es wird nur oft nicht als solches erkannt. Viele erwachsene Legastheniker machen tatsächlich in ihrer Arbeit reichlich Gebrauch von der positiven Seite, ohne es zu wissen. Sie denken einfach nur, daß sie ein *Händchen* für etwas haben, und sind sich nicht bewußt, daß diese besondere Fertigkeit derselben geistigen Funktion entspringt, die sie daran hindert, mühelos zu lesen, zu schreiben oder zu rechnen.

Die auffälligsten legasthenischen Behinderungen treten beim Lesen, Rechnen und Schreiben auf, aber es gibt noch viele andere Handicaps. Die Legasthenie ist ein individuelles Phänomen, denn jeder Legastheniker bringt seine Legasthenie selbst hervor und schafft sich damit auch seine eigenen besonderen Probleme und Schwierigkeiten.

Um die Legasthenie als *Talent* zu verstehen, müssen wir sie aus einem anderen Blickwinkel betrachten.

Die Legasthenie beruht auf einem besonderen Wahrnehmungstalent, das schon ganz früh im Leben in Erscheinung tritt. Der Einsatz dieses Talents wirkt sich in vielen Situationen als nützlich, in anderen jedoch als hinderlich aus. Aber der einzelne merkt nichts davon, denn der Gebrauch des Talents ist für ihn schon in frühem Alter zur zwanghaften Gewohnheit geworden und erscheint ihm dann so natürlich wie das Atmen.

2

Die Lernbehinderung

Legasthenie war der erste allgemeine Ausdruck, mit dem man eine Anzahl verschiedener Lernschwierigkeiten bezeichnete. Im Laufe der Zeit hat man diese Schwierigkeiten unterteilt, kategorisiert und genauer als verschiedene Lernbehinderungen beschrieben. Man könnte die Legasthenie daher als »Mutter der Lernbehinderungen« bezeichnen. Heute gibt es über siebzig Namen, mit denen man die verschiedenen Aspekte der Legasthenie zu differenzieren versucht.

Ursprünglich dachten die Forscher, daß Legastheniker an einer Gehirn- oder Nervenverletzung oder an einer angeborenen Funktionsstörung leiden, die sich negativ auf den für das Lesen erforderlichen geistigen Prozeß auswirkt.

Gegen Ende der zwanziger Jahre bot der amerikanische Arzt Dr. Samuel Torrey Orton eine neue Erklärung an. Er definierte die Legasthenie als Vertauschung der Gehirnhälften. Damit meinte er, daß die linke Gehirnhälfte die Arbeit der rechten übernehme und die rechte Gehirnhälfte die Arbeit der linken. Diese Theorie verwarf er jedoch bald und definierte die Legasthenie nun als vermischte Dominanz der Gehirnhälften. Das soll heißen, daß *manchmal* die rechte Gehirnhälfte die Arbeit der linken übernimmt und umgekehrt.

Heute gibt es viele verschiedene Theorien zur Natur und Ursache der Legasthenie. Die meisten dieser Theorien wurden aufgestellt, um die Symptome oder typischen Kennzeichen der Legasthenie sowie ihre Entstehung zu erklären.

Eine neue Perspektive

Die Theorien und Techniken, die in diesem Buch dargestellt sind, wurden nicht entwickelt, um das Wesen der Legasthenie zu erklären, sondern um darzulegen, *warum sie als Lernbehinderung beseitigt werden kann*. Sie entstanden während und nach der Entwicklung der Beratungsmethoden, die in den letzten Kapiteln beschrieben werden. Da ich die Theorien also erst im nachhinein formulierte und außerdem als Legastheniker aus eigener unmittelbarer Erfahrung an die Sache herangehen konnte, verfüge ich über eine Perspektive, die sich von der herkömmlichen weitgehend unterscheidet.

Ich entdeckte, daß Legasthenie nicht die Folge einer Gehirn- oder Nervenverletzung ist, und ebensowenig entspringt sie einer Mißbildung des Gehirns, des Innenohrs oder der Augen. Sie ist das Produkt des Denkens und einer besonderen Art der Reaktion auf das Gefühl der Verwirrung.

Zwei Arten des Denkens

Es wird heute allgemein angenommen, daß der Mensch auf zweierlei Weise denkt, sich auf zweierlei Weise Begriffe von Dingen oder Ideen macht: verbal und nonverbal.

Verbale Begriffsbildung ist ein Denken mittels der *Laute* der Wörter. Nonverbale Begriffsbildung ist ein Denken mittels innerer *Bilder* von Begriffen oder Ideen.

Verbales Denken schreitet linear in der Zeit voran. Es folgt der Struktur der gesprochenen Sprache. Wenn man verbal denkt, spricht man innerlich Wörter und reiht sie, ein Wort nach dem anderen, zu Sätzen aneinander. Man denkt dann mit Sprechgeschwindigkeit, die gewöhnlich etwa 150 Wörter pro Minute oder 2,5 Wörter pro Sekunde beträgt.

Ein versierter Rundfunkansager oder Auktionator bringt es auf 200 Wörter pro Minute. Elektronisch hergestellte Sprache bleibt für einen aufmerksamen Hörer noch bis zu 250 Wörtern pro Minute verständlich. Dies ist die oberste Geschwindigkeitsgrenze des verbalen Denkens.

Nonverbales Denken ist evolutionär. Das Bild »wächst«, indem der Denkprozeß weitere Begriffe hinzufügt. Nonverbales Denken ist viel schneller, möglicherweise mehrere tausendmal schneller als verbales Denken. Es ist in der Tat schwierig, den nonverbalen Denkvorgang zu verstehen, denn er läuft so schnell ab, daß man ihn nicht bemerkt, während er vor sich geht. Nonverbales Denken ist meist subliminal, es verläuft sozusagen unterhalb der Bewußtseinsschwelle.

Der Mensch denkt auf beide Weisen, aber wir neigen dazu, uns zu spezialisieren. Die meisten gebrauchen primär die eine Denkweise und nur sekundär die andere.

In der Zeit, in der sich der Aspekt der Legasthenie als Lernbehinderung herausbildet – meist im Alter von drei bis dreizehn Jahren –, muß der potentielle Legastheniker vorwiegend ein nonverbaler Denker sein, also in Bildern denken.

Wollen wir verstehen, wie diese Denkweise zur Lernbehinderung des Legasthenikers beiträgt, müssen wir einen Blick auf die Sprache werfen. Man kann sie als Spiegel des Denkprozesses betrachten.

Die Sprache besteht aus Wörtern. Diese aber sind feststehende Lautgruppen, die sich aus Einzellauten – den Selbst- und Mitlauten als den kleinsten Lauteinheiten der Sprache – zusammenfügen. Die Lautgruppen haben für sich genommen so wenig Sinn oder Bedeutung wie die

Einzellaute. Sie sind einfach nur von den menschlichen Sprechwerkzeugen hergestellte klangliche Gebilde. Sinnvoll oder bedeutungsvoll werden sie erst dadurch, daß eine soziale Gruppe eine bestimmte Lautgruppe mit einer Bedeutung, einem Sinn, verbindet und sie somit zum Bedeutungsträger macht, zum Symbol dieser bestimmten Bedeutung. Dazu kommt als dritter Aspekt der Sprache dann noch die Möglichkeit, Wörter durch die Schrift auch sichtbar darzustellen, also zur lautlichen Symbolik die visuelle hinzuzufügen. Hier gibt es dann allerdings eine grundsätzliche Entscheidung: Man kann unmittelbar die Laute der Sprache durch Schriftzeichen und mittels der Laute auch ihre Bedeutungen darstellen, oder man kann unmittelbar die Bedeutungen der Sprache durch Schriftzeichen und mittels der Bedeutungen auch die dazugehörigen Laute darstellen. Im ersten Fall haben wir es mit einer Buchstabenschrift zu tun, bei der das einzelne Schriftzeichen, der Buchstabe, einen einzelnen Selbst- oder Mitlaut ausdrückt. Im zweiten Fall haben wir es, wie etwa im Chinesischen, mit einer piktographischen Schrift zu tun, bei der das einzelne Schriftzeichen ein kleines Bild ist, das für die Wortbedeutung steht und den Wortlaut nur mitmeint oder zumindest mitmeinen kann, ohne ihn aber direkt einzuschließen.

Wenn wir verbal denken, denken wir mit den *Lauten* der Sprache. Wir führen eigentlich einen inneren Monolog durch, der mittels der Laute die Aussagen, Fragen und Antworten der Sprache ausdrückt. Manche Leute reden sogar laut mit sich selbst. Es ist ein langsamer Prozeß, aber er kann uns helfen, die Bedeutung eines Satzes relativ leicht zu erfassen, selbst wenn wir einige Wörter nicht ganz verstehen.

Lesen wir also einen Satz und hören ihn gleichzeitig innerlich an, können wir ihn leichter verstehen, denn die

Symbole der Schrift, die Buchstaben, folgen einander oft nicht in solch einer Anordnung, daß sich die Bedeutung des Satzes beim bloßen Lesen ohne weiteres klar entfaltet. Zum Beispiel kann man bei einem Satz manchmal erst durch den Punkt oder das Fragezeichen am Satzende erkennen, ob er eine Aussage oder eine Frage ist.

Wenn wir nonverbal denken, denken wir mit den Begriffen oder Ideen der Sprache, indem wir uns innere Bilder von ihnen machen. Diese Bilder als Bedeutungsträger der Sprache sind nicht bloß – wie zweidimensionale stehende Bilder – sichtbare Wiedergaben einzelner bewegungsloser Momente, sie ähneln eher dreidimensionalen Filmen, die ständig in Bewegung sind und zudem von mehreren Sinnen erfaßt werden. Sie ändern und entfalten sich, während der Satz gelesen wird. Dieser Vorgang ist um ein Vielfaches schneller als das verbale Denken. Aber er birgt ein Problem in sich, denn einige Elemente der Sprache lassen sich leichter als Begriffe oder Ideen darstellen als andere.

Man darf nicht vergessen, daß Legastheniker meistens kaum einen inneren Monolog durchführen. Legastheniker *hören* nicht, was sie lesen, es sei denn, sie lesen laut. Statt dessen formen sie ein ständig anwachsendes inneres Bild, zu dem sie die Bedeutung – oder das Bild der Bedeutung – jedes neuen Wortes hinzufügen, sobald es auftritt.

Zwei Arten von Wörtern

Wörter, die auf greifbare Dinge hinweisen, sind für den Legastheniker kein Problem.

Im nonverbalen Denken können wir ohne weiteres mit dem Wort »Elefant« denken, wenn wir wissen, wie ein Elefant aussieht. Das Tier, das wir Elefant nennen, ist die buchstäbliche Bedeutung des Wortes »Elefant«. Sein Bild »sehen« heißt, seine Bedeutung sehen. Wir können mit dem Wort »Zuhause« denken, denn wir können uns einen Ort vorstellen, an dem wir gewohnt haben. Wir können mit Substantiven wie »Schule«, »Buch«, »Papier« und »Bleistift« denken, denn wir wissen, wie diese Dinge aussehen. Wir können mit Verben wie »fliegen«, »schlafen«, »angucken« denken, weil wir die Handlungen gesehen oder erlebt haben, auf die diese Wörter hinweisen.

Aber wie mit Wörtern denken, deren Bedeutung sich nicht bildhaft darstellen läßt? Das ist eine schwierige Aufgabe für den nonverbalen Denker. Zu wissen, wie das Wort »es« aussieht, bringt uns nicht dazu, damit zu denken. Zu wissen, wie »und« oder »der« aussehen, bedeutet noch nicht, daß wir mit diesen Wörtern denken können, denn die Buchstaben *D-E-R* des Wortes »der« zu sehen, bedeutet noch nicht, seine Bedeutung zu sehen. Das einzige Bild, das uns zur Verfügung steht, ist die Gestalt der Buchstaben als solcher. Wenn wir den Vorgang der Bildgestaltung des nonverbalen Denkens gebrauchen, sind wir nicht in der Lage, uns von der Bedeutung solcher Wörter ein Bild zu machen wie von einem Gegenstand oder einer Handlung.

Wenn wir einen Satz lesen und ihn gleichzeitig verbal denken, ist es kein Problem, wenn wir Wörter wie »es«, »und« oder »der« sehen, denn wir wissen, wie sie klingen. Erst wenn wir den Satz zu Ende gelesen haben, machen wir uns ein Bild von seiner Bedeutung. Selbst wenn wir nicht die genaue Bedeutung dieser Wörter kennen, ist das kein Problem, denn wir verstehen die Gesamtidee des Satzes, sobald wir ihn zu Ende lesen und ihn innerlich hören.

Einen Satz zu lesen und ihn gleichzeitig nonverbal zu denken ruft legasthenische Symptome hervor. Das Bild von der Bedeutung eines Satzes entfaltet sich, während wir lesen. Die stufenweise Entwicklung des Bildes eines Satzes wird aber jedesmal unterbrochen, wenn ein unbekanntes oder ungenügend verstandenes Wort auftritt, denn die Bedeutung dieses Wortes läßt sich nicht in das Gesamtbild des Satzes eingliedern. Und dieses Problem verschärft sich zusätzlich jedesmal, wenn wir auf ein Wort stoßen, zu dessen Bedeutung es kein passendes inneres Bild gibt. Das Ergebnis ist eine wahllose Mischung aus unzusammenhängenden Bildern und Lücken oder Leerstellen.

Jedesmal, wenn der Prozeß der Bildgestaltung unterbrochen wird, fühlt der nonverbale Denker sich verwirrt, denn das Bild, das sich gerade formt, wird jetzt zerrissen. Wenn er dann versucht, sich trotzdem mit aller Anstrengung zu konzentrieren, kann er sich irgendwie an den Leerstellen vorbeidrücken und weitermachen, aber seine Verwirrung wird zunehmen, je weiter er liest. Schließlich kommt er an den Punkt, wo seine Verwirrung ihn völlig überwältigt, das heißt, er erreicht seine *Toleranzschwelle für Verwirrung.*

In diesem Moment wird er *desorientiert.*

Desorientierung bedeutet: Die Wahrnehmung der Symbole wird so verändert und entstellt, daß Lesen und Schreiben schwierig oder unmöglich werden. Ironischerweise ist ebendiese Verschiebung in der Wahrnehmung der Mechanismus, den Legastheniker als nützlich für die Erforschung der Dinge und Geschehnisse des realen Lebens entdeckt haben, bevor sie lesen lernten.

3

Auswirkungen der Desorientierung

Orientierung bedeutet: wissen, wo man sich in bezug auf die Umgebung befindet. Auf die sinnliche Wahrnehmung angewandt heißt dies, daß man die Gegebenheiten der Umgebung feststellt und in angemessene Beziehung zu ihnen tritt. Wenn wir die Außenwelt so sehen, hören und fühlen, daß sie Hand und Fuß zu haben scheint, sind wir orientiert. Der Navigator eines Flugzeugs oder Schiffs hat die Aufgabe, den Standort seines Gefährts in bezug auf die Umwelt zu bestimmen: Er orientiert sich an der Umwelt.

Der Mensch orientiert sich im sichtbaren Bereich, indem er durch zwei Augen in die Welt schaut. Das Gehirn vergleicht die zwei Bilder, die die Augen aufnehmen, und benutzt den Unterschied zwischen ihnen, um sich ein dreidimensionales inneres Bild zu machen, das uns verrät, wie weit die Dinge von uns entfernt sind. Die Ohren tun das gleiche, um zu bestimmen, aus welcher Richtung ein Geräusch kommt. Diese Technik wird Triangulation oder Dreiecksaufnahme genannt. Sie funktioniert genauso bei der Sinneswahrnehmung wie bei der Navigation.

Der genaue Punkt, von dem aus wir sehen, befindet sich nicht in den Linsen unserer Augen, denn sie stellen ja zwei verschiedene Punkte dar. Es gibt vielmehr einen inneren »Bildschirm« im Gehirn. Viele haben das Gefühl, daß sie von einem Punkt irgendwo hinter den Augen aus in die Welt schauen.

Das geistige Auge

Es gibt auch einen *geistigen Wahrnehmungspunkt*, von dem aus wir innere Bilder und Gedanken anschauen. Wenn wir die Augen schließen und ein imaginäres inneres Bild betrachten, dann ist der Ort, von dem aus wir sehen, oder das, womit wir sehen, der Wahrnehmungspunkt. Er ist das Instrument, mit dem wir sehen. Er ist nicht identisch mit dem Wahrnehmungspunkt des physischen Sehens, funktioniert aber nach demselben Prinzip wie das physische Sehen: Etwas blickt etwas anderes an. Dieses Wahrnehmungszentrum nenne ich *das geistige Auge*. Wenn es sich verschiebt, wenn es seinen Standort verlegt, schafft es in allen physischen Wahrnehmungen *Desorientierung*. Dies wird im 23. und 24. Kapitel genauer erklärt. An dieser Stelle soll es genügen, wenn wir eine Idee davon bekommen, was Desorientierung ist und wie sie sich anfühlt.

Desorientierung ist ein alltäglicher Vorgang, den jeder ab und zu erlebt. Desorientierung ist eine natürliche Funktion des normalen Gehirns. Sie tritt ein, wenn wir von Sinneseindrücken oder Gedanken überwältigt werden oder wenn das Gehirn von den verschiedenen Sinnen widersprüchliche Informationen empfängt und diese zu einem sinnvollen Ganzen zu verbinden sucht.

Wenn wir aufstehen und uns zehnmal rasch um die eigene Achse drehen, werden wir schwindlig, erleben Desorientierung als körperliches Schwindelgefühl, und das Gesichtsfeld scheint noch um uns zu kreisen, wenn wir schon wieder stillstehen. Ganz ähnlich, wenn wir eine schnell rotierende runde Scheibe anstarren, auf der eine Spirale aufgemalt ist: Die Sicht verwirrt sich, und wir fühlen uns benommen, erleben Desorientierung als übertriebene Beschleunigung des Gesehenen und als leichten Schwindel im Kopf.

Wenn wir vor einer roten Ampel im Auto sitzen und das Auto vor uns rückwärts zu rollen beginnt, bekommen wir leicht das Gefühl, unser Auto bewege sich vorwärts, und wir treten automatisch auf die Bremse.

Wenn wir desorientiert sind, sieht das Gehirn Dinge in Bewegung, die in Wirklichkeit stillstehen, oder der Körper fühlt sich in Bewegung, obwohl er sich gar nicht bewegt. Die Zeit kann sich scheinbar verlangsamen oder beschleunigen. Das Gehirn verändert unsere wirklichen Wahrnehmungen, und wir erleben die veränderten Wahrnehmungen als Realität.

Wenn wir desorientiert sind, werden alle Sinneswahrnehmungen (außer Geruch und Geschmack) verändert. Das Gehirn sieht nicht mehr, was die Augen sehen, es hat eine veränderte Wahrnehmung der Bilder. Das Gehirn hört nicht mehr, was die Ohren hören, es hat eine veränderte Wahrnehmung der Geräusche. Entsprechendes geschieht mit allen anderen Wahrnehmungen inklusive Tastsinn, Gleichgewichtssinn, Bewegungssinn und Zeitsinn.

Das legasthenische Dilemma

Wenn auch Desorientierung eine durchaus alltägliche Erfahrung ist, gehen Legastheniker damit jedoch weit über das Normale hinaus. Sie erleben sie nicht einfach, sie rufen sie selbst hervor, ohne es zu wissen.

Legastheniker benutzen die Desorientierung unbewußt, um vielschichtige Wahrnehmungen zu erhalten. Indem sie den Blickwinkel ihrer sinnlichen Wahrnehmung verschieben, verschaffen sie sich vielfältige Ansichten von der Welt. Sie können die Außenwelt aus mehr als einer Perspektive wahrnehmen und gewinnen dabei mehr Informationen als andere Menschen.

Der Desorientierung auf der Spur

In meinem ersten Jahr im College zog ich mir eine üble Erkältung zu, die sich zu einer heftigen Mittelohrentzündung entwickelte. Ich mußte ins Krankenhaus und lag zwei Tage lang im Delirium. Als ich wieder zu mir kam, war ich völlig desorientiert. Geräusche waren schmerzhaft laut. Ich sah alles doppelt und dreifach. Meine Finger taten nicht, was ich wollte. Wenn ich die Augen öffnete, sagten mir alle *meine Sinne, ich drehe mich wie verrückt um die eigene Achse.*

Ich fragte den Arzt, was los sei. Er sagte, mein Gehirn empfange und sende widersprüchliche Sinneswahrnehmungen: »Das Mittelohr hat zwei Organe, die dem Gehirn anzeigen, was oben und unten ist«, erklärte er weiter. »Dein rechtes Ohr ist in Ordnung, aber das linke vermittelt deinem Gehirn, daß oben *woanders ist. Die beiden Signale stimmen nicht überein, und deshalb hast du das Gefühl, du würdest dich im Kreis drehen.«*

»Aber ich kann sehen, *daß ich mich im Kreis drehe«, sagte ich. »Wie kommt das?«*

»Den Sinnen ist es nicht wirklich möglich, nicht übereinzustimmen«, entgegnete der Arzt. »Das Gehirn ist eben so konstruiert. Die Sicht stellt sich auf die Störung ein und versucht die Signale in Einklang zu bringen. Die Drehung, die du siehst, folgt den Störungen deines Gleichgewichtssinns.«

Diese Erklärung half mir damals zu begreifen, daß mein Zustand auf die Krankheit zurückging und daß die Störungen verschwinden würden. Als ich später mit der Erforschung der Desorientierung begann, fiel mir dieses Erlebnis immer wieder ein. Ich konnte verstehen, warum Desorientierung in nur einem *Sinn eine entsprechende Veränderung in den anderen Sinnen hervorruft.*

Offensichtlich haben sie als kleine Kinder irgendwie entdeckt, wie sie die Desorientierungsfunktion des Gehirns benutzen können, und haben sie in ihren Erkenntnisvorgang eingebaut. Für Kleinkinder, die noch nicht gehen können, also noch keinen großen Bewegungsradius besitzen, um die Dinge ihrer Umgebung auszukundschaften, ist es von Vorteil, wenn sie Gegenstände aus mehr als einer Perspektive sehen und damit die Lücken in ihrer Wahrnehmung schließen können.

Da die veränderten Wahrnehmungen eine Perspektive von Gegenständen hervorbringen, die ansonsten unerkennbar wäre, wird die Desorientierung zum normalen Bestandteil des Erkenntnisvorgangs dieser Kinder. Legastheniker merken nichts von dem, was während der Desorientierung geschieht, denn der Vorgang ist viel zu schnell. Sie bemerken nur die Folgen der Desorientierung: Sie können dreidimensionale Gegenstände, Geräusche und Tastreize besser erkennen. Abgesehen davon, daß sie mit der Desorientierung Verwirrung beseitigen, stellen Legastheniker die veränderten Wahrnehmungen, die durch Desorientierung hervorgerufen werden, auch in den Dienst ihrer schöpferischen Einbildungskraft. Wenn sie auf diese Weise durch ihr nonverbales Denken ein Problem lösen, kann man das als Intuition, Erfindung oder Inspiration bezeichnen. Wenn sie sich damit die Zeit vertreiben, nennt man das Phantasieren oder Tagträumen.

Auf die typischen *Talente* des Legasthenikers werden wir später noch näher eingehen. In diesem Zusammenhang genügt es, darauf hinzuweisen, daß der Legastheniker aufgrund der Desorientierung oft eine größere Wahrnehmungs- und Einbildungskraft besitzt als der Durchschnittsmensch. In dem Alter, in dem die Sprache erlernt wird, kann die Desorientierung dann aber auch zur Entwicklung einer Lernbehinderung führen.

Bis jetzt hat der Legastheniker die Desorientierung benutzt, um Verwirrung *aufzulösen*. Dies gelang ihm gut, wenn er sich mit realen physischen Gegenständen befaßte. Er wird sich daher wahrscheinlich unbewußt desorientieren, wenn er auf ein verwirrendes Symbol stößt. Aber wenn er ein gedrucktes oder geschriebenes Wort rückwärts liest oder seine Teile verdreht oder vermischt, sieht das Wort leider nur noch unklarer aus.

Wenn er lesen lernt, nimmt die Verwirrung immer mehr zu und erreicht bald ihren kritischen Punkt. In diesem Moment sieht der Legastheniker gar nicht mehr, was wirklich auf dem Papier *steht*, sondern was er dort zu sehen *glaubt*. Da das Symbol keinen Gegenstand, sondern nur den Laut eines Wortes darstellt, der auf einen Gegenstand, eine Handlung oder einen Begriff hinweist, trägt die Desorientierung nichts zum Verständnis des Wortes bei. Und da er das Symbol nicht versteht, macht er einen Fehler. Diese Fehler sind die primären Symptome der Legasthenie.

4
Legasthenie in Aktion

Es gibt mehr als 200 englische Wörter, die den meisten Legasthenikern Schwierigkeiten bereiten. (In anderen Sprachen ist es ähnlich.) Der Legastheniker benutzt diese Wörter ohne weiteres beim Sprechen, aber er kann sich keine inneren Bilder von ihrer Bedeutung machen. Das heißt, der gewöhnliche Legastheniker verwendet mehr als 200 Wörter in der Rede, mit denen er nicht wirklich denken kann. Diese – scheinbar einfachsten – Wörter in der Sprache sind die Auslöser der legasthenischen Symptome.

Auslösewörter bezeichnen etwas Abstraktes und haben oft eine Vielzahl verschiedener Bedeutungen. Sie lassen Legastheniker stolpern, weil sie nicht auf sichtbare Gegenstände oder Vorgänge hinweisen. Außerdem sind sie gerade die Wörter, die täglich am häufigsten in Sprache und Schrift vorkommen. Eine umfassende Liste von Auslösewörtern ist im 33. Kapitel zu finden.

Wie Auslösewörter Probleme hervorrufen

Um die Teile des Puzzles zusammenzubringen, wollen wir uns einmal die typische Situation eines legasthenischen Kindes ansehen, das laut zu lesen versucht.

Ein einfacher Satz wie der umseitig folgende wäre leicht zu lesen für einen Zehnjährigen, der mit den Lauten der Wörter denkt. Aber für einen zehnjährigen Legastheniker, der mit jedem Wort, das er liest, innere Bilder des Beschriebenen erzeugt, ist der Vorgang schwieriger:

Das braune Pferd sprang über die Steinmauer
und rannte durch die Weide.

Das erste Wort, *das*, läßt die innere Bildlichkeit des zehnjährigen Legasthenikers erlöschen, denn es gibt kein Bild zu dem Wort. Ein leeres Blatt ist aber die Quintessenz der Verwirrung, es ist Verwirrung in Reinform. Der Junge konzentriert sich nun, drückt sich an dem Loch vorbei, sagt: »das« und zwingt sich, zum nächsten Wort zu springen.

Das Wort *braune* erzeugt ein inneres Bild der betreffenden Farbe, hat aber keine bestimmte Form. Der Junge konzentriert sich noch immer und sagt: »braune.«

Das Wort *Pferd* verwandelt den braunen Fleck in ein Pferd von dieser Farbe. Die Konzentration hält an, und der Junge sagt: »Pferd«.

Wie kam es zu der Liste der Auslösewörter?

Ich habe diese Liste nicht erfunden. Wie so viele andere Entdeckungen in meiner Arbeit stellte sie sich eher überraschend ein, so daß ich mir sagen mußte: »Aber natürlich! Wieso habe ich das denn nicht schon immer gesehen?«

Schon bald nachdem ich anfangs die Rolle entdeckte, die die Sinneswahrnehmung bei der Legasthenie spielt, wurde mir klar, daß Verwirrung Desorientierung auslöst und immer dann auftritt, wenn man ein Symbol nicht versteht. Ich dachte, jeder Legastheniker hätte seine eigene Liste von Auslösewörtern. Ein Teil unseres Programms bestand darin, dem Klienten zu helfen, auftretende Desorientierungen zu bemerken und eine Liste der eigenen Auslösewörter zu erstellen, damit er wüßte, welche Wörter er in den Griff zu bekommen hatte.

Als ich mich daranmachte, meine eigene Liste zusammenzustellen, erlebte ich eine Überraschung. Diese Liste fiel ganz und gar nicht so aus, wie ich sie mir vorgestellt hatte. Ich fühlte mich einigermaßen verlegen über das, was ich bemerkte. Die Liste enthielt die beiden [englischen] Wörter, die aus einem Buchstaben bestehen, alle Wörter, die aus zwei Buchstaben bestehen, und vor allem viele Wörter, die aus vier Buchstaben bestehen. Ich fühlte mich ein bißchen wohler, als ich feststellte, daß die Listen unserer Klienten dieselben Wörter enthielten, wußte aber noch immer nicht, warum.

Im August 1982 ging ich eines Abends eine in der amerikanischen Grundschule benutzte Liste von Wörtern durch. Ich markierte ein paar Wörter und machte mir Gedanken darüber, warum einige von ihnen (wie zum Beispiel »und«, »ein« und »der«) Desorientierung auslösten, während andere (wie zum Beispiel »Haus«, »Essen« und »Freund«) keine legasthenischen Symptome hervorriefen. Ich begann daher, beim Lesen jedes Wortes aufmerksam meine inneren Vorgänge zu beobachten. Wie in einem Comic, wo eine Glühbirne über dem Kopf angeht, so erhellte die Entdeckung, die ich nun machte, meine ganze Welt. Ich erkannte, daß ich zu den Auslösewörtern keine inneren Bilder hatte. Ich konnte mir keine Bilder von ihnen machen, also konnte ich auch nicht mit ihnen denken.

In der oben genannten Wortliste konnte ich 196 Wörter identifizieren, die Desorientierung auslösen. Heute ist diese Liste auf 217 Wörter angewachsen. Die meisten dieser neu hinzugefügten Wörter sind Verkürzungen oder sonstige Formen der Wörter aus der ursprünglichen Liste.

Das Wort *sprang* läßt das braune Pferd vorn hochgehen. Der Junge konzentriert sich immer noch und sagt: »sprang«.

Das Wort *über* läßt den Rücken des braunen Pferdes hochgehen. Immer noch konzentriert, sagt der Junge: »über«.

Das nächste Wort, *die*, läßt das Bild wieder verblassen. Die Verwirrung wächst, erreicht aber noch nicht ihren kritischen Punkt. Der Junge konzentriert sich nun doppelt so stark, um zum nächsten Wort zu gelangen. Dabei vergißt er vielleicht, »die« zu sagen, vielleicht aber auch nicht.

Das Wort *Steinmauer* erzeugt zuerst das Bild eines Steins und dann das Bild einer Mauer aus Stein. Mit immer noch verdoppelter Konzentration sagt der Junge: »Steinmauer«.

Das nächste Wort, *und*, erzeugt wieder ein Loch im Bild. Diesmal überschreitet die Verwirrung die Toleranzschwelle. Der Junge wird desorientiert. Er wird wieder im Fluß des Lesens gestört, wird noch verwirrter, ist nach wie vor doppelt so stark konzentriert und obendrein nun auch desorientiert. Er kann nur fortfahren, indem er sich noch mehr anstrengt, sich zu konzentrieren. Aber da er nun auch desorientiert ist, treten die legasthenischen Symptome auf. Es ist sehr wahrscheinlich, daß er das Wort »und« übergeht oder durch irgendein anderes kurzes Wort, zum Beispiel »an« oder »in« oder »den«, ersetzt. Er hat nun keine klare Wahrnehmung der Wörter mehr.

Um überhaupt weitermachen zu können, muß er sich nun ungeheuer anstrengen und konzentrieren.

Da er desorientiert ist, ändert er das nächste Wort, *rannte*, in *rennt* um. Er sieht sich selbst rennen – ein Bild, das nichts mit dem in der Luft schwebenden Pferd zu tun hat – und sagt: »rennt«.

Das Wort *durch* wird zu *drückt*. Er sieht sich gegen einen Baum drücken und sagt: »drückt«.

Das nächste Wort, *die*, läßt abermals das Bild zusammenbrechen. Der Junge wird wieder gestoppt, seine Verwirrung und Desorientierung verschlimmern sich noch. Er weiß sich keinen anderen Rat, als seine Konzentration zu vervierfachen. Dabei läßt er das Wort »die« aus.

Inzwischen hat die Desorientierung ein Schwindelgefühl erzeugt. Ihm ist ganz übel, und die Wörter und Buchstaben verschwimmen auf dem Papier.

Um das letzte Wort, *Weide*, zu entziffern, muß er mühsam jeden Buchstaben, einen nach dem anderen, anvisieren, um den Gesamtlaut des Wortes zu ertasten. Als er das Wort erkennt, sieht er das Bild eines Grasplatzes. Obwohl er durch die enorme Anstrengung desorientiert ist, sagt er dann richtig: »Weide«.

Er hat den Satz beendet, schlägt das Buch zu und schiebt es von sich. Genug davon!

Wenn man ihn fragt, was er gerade gelesen hat, antwortet er wahrscheinlich: »Irgendwas über einen Grasplatz.« Er hat ein Bild von einer Steinmauer, einem Grasplatz, einem Pferd, das in der Luft schwebt, und von sich selbst, wie er rennt, und nochmals von sich selbst, wie er sich gegen einen Baum drückt, aber er kann sich aus den getrennten Teilen des Satzes kein inneres Bild der beschriebenen Szene machen.

Für jeden, der ihn den Satz lesen sieht und hört oder seine Antwort auf die Frage nach dem Inhalt des Satzes mitbekommt, ist völlig klar, daß er von dem Gelesenen nichts verstanden hat. Ihn selbst kümmert es nicht im geringsten. Er ist nur froh, daß für ihn die Qual des lauten Vorlesens nun vorbei ist. Wenn er etwas älter wäre, wüßte er, daß er gerade etwas gelesen hat, was er nicht versteht. Was würde er also wahrscheinlich tun? *Es nochmals*

Wort	**Reaktion**	**sieht/denkt**	**sagt**
Das	Bildgestaltung erlischt, Konzentration beginnt	leeres Blatt	*das*
braune	Konzentration hält an	braune Farbe	*braune*
Pferd	Konzentration hält an	braunes Pferd	*Pferd*
sprang	Konzentration hält an	Pferd geht vorn hoch	*sprang*
über	Konzentration hält an	Pferderücken geht hoch	*über*
die	Bildgestaltung erlischt, doppelte Konzentration	leeres Blatt	*die*
Stein-mauer	doppelte Konzentration	Steinmauer	*Stein-mauer*
und	Bildgestaltung erlischt, Desorientierung beginnt, dreifache Konzentration	leeres Blatt	*(läßt Wort aus?)*
rannte	Desorientierung hält an, dreifache Konzentration	rennt selbst	*rennt*
durch	Desorientierung hält an, dreifache Konzentration	drückt sich selbst gegen Baum	*drückt*
die	Bildgestaltung erlischt, Desorientierung hält an, vierfache Konzentration	leeres Blatt	*(läßt Wort aus)*
Weide	Desorientierung hält an, vierfache Konzentration	Grasplatz	*Weide*

lesen. Wenn wir es noch einmal lesen, verstehen wir es sicher besser – logisch, nicht wahr? Sehen Sie sich noch einmal die oben geschilderte Situation an und fragen Sie sich: »Was hat sich geändert, wodurch nochmaliges Lesen von Erfolg gekrönt würde?« *Nichts!*

Wenn erwachsene Legastheniker eine wichtige Information lesen, lesen sie sie bis zu zehnmal, bevor sie das Gefühl haben, daß sie das Gelesene verstehen - oder sie geben auf.

Konzentrieren?

Ich möchte hier etwas über die Konzentration sagen. Sie wird meist für eine nützliche Fähigkeit gehalten, aber zuviel des Guten kann schädlich sein. Die verschärfte Konzentration, die der Legastheniker benutzt, um an bildlosen Stellen vorbeizukommen, hat zweifellos eine schädliche Wirkung.

Wenn man sich auf etwas konzentriert, richtet man den Großteil seiner Aufmerksamkeit darauf. Wenn man sich *stark* konzentriert, richtet man seine *ganze* Aufmerksamkeit auf *einen* Gegenstand.

Dies ist ein grundlegender Aspekt der Hypnose. Es ist der Mechanismus, mit dem man jemand in Trance versetzt. Wenn Legastheniker sich stark konzentrieren, um lesen zu können, geraten sie in einen hypnotischen Zustand, der das Verständnis des Gelesenen nur erschwert und außerdem die Zeit verlängert, die zum Verstehen erforderlich ist.

5
Zwanghafte Lösungen

Sobald Desorientierung Fehler bewirkt, wird das legasthenische Kind frustriert. Niemand macht gern Fehler. Deshalb beginnt das legasthenische Kind im Alter von etwa neun Jahren Lösungen für seine Probleme zu entwickeln. Dies mag sinnvoll erscheinen, ist aber in Wirklichkeit genau das, wodurch das Leseproblem zur eigentlichen Lernbehinderung wird.

Die Lösungen, die Legastheniker sich ausdenken, lösen nicht das wirkliche Problem verzerrter Wahrnehmung; sie schaffen nur vorübergehende Erleichterung von der Frustration. Es sind grobe Methoden, mit denen Legastheniker die Auswirkungen der Desorientierung zu überwinden suchen, die aber letztlich den Lernprozeß verlangsamen und die Lernbehinderung hervorbringen.

Diese »Lösungen« sind Techniken, die dem besseren Lernen oder Behalten dienen sollen. Sie werden meist schnell zu zwanghaftem Verhalten. Sobald ein Legastheniker sich eine »Lösung« zu eigen macht, ist sie im Handumdrehen die einzige Art und Weise, wie er an eine bestimmte Aufgabe herangeht. Im Rahmen unseres Trainingsprogramms bezeichne ich solche Lösungen als »alte Lösungen«, denn sie werden nun nicht mehr benötigt.

Viele Legastheniker entwickeln schon zwanghafte Lösungen, bevor sie neun Jahre alt werden, und fügen immer weitere hinzu, solange sie leben. Aber die meisten dieser »Krücken« oder »Eselsbrücken« werden im Alter von neun bis zwölf Jahren erfunden. Viele Legastheniker haben Hunderte, wenn nicht Tausende von ihnen in ihrem Repertoire.

Im folgenden ein paar typische Beispiele von zwanghaften Lösungen.

Das Abc-Lied

Viele Kinder lernen das Alphabet, indem sie es singen. Wenn sie das Abc-Lied zu Hause oder im Kindergarten lernen und als einfaches Mittel zum Auswendiglernen benutzen, können sie das Abc meist nach einiger Zeit aufsagen, ohne es laut oder im Kopf zu singen. Aber wenn sie das Lied zu einer Lösung machen, weil sie das Alphabet nicht behalten können, dann werden sie Schwierigkeiten haben, das Abc aufzusagen, ohne es laut oder wenigstens im Kopf zu singen.

Sie kennen nur das Lied, und das Lied kennt das Alphabet. Wenn sie also das Lied benutzen, *sieht es so aus*, als würden sie das Abc kennen. Wenn sie im Telefonbuch einen Namen suchen oder im Wörterbuch ein Wort nachschlagen, gebrauchen sie immer das Abc-Lied. Es ist zum Zwangsverhalten geworden.

Angestrengte Konzentration

Die schlimmste von allen zwanghaften Lösungen, die Legastheniker aushecken, ist wahrscheinlich die *Konzentration*. Bevor sie lernen, sich zu konzentrieren, können die meisten von ihnen überhaupt nicht lesen. Sobald sie lernen, sich stark genug zu konzentrieren, lernen sie – langsam und mit großer Mühe – zu lesen. Aber die Sache hat einen Haken: Lesen ist unangenehm und schmerzhaft für sie. Wenn sie etwas Wichtiges lesen wollen, müssen sie es immer und immer wieder lesen, um sicherzugehen, daß sie es richtig lesen. Sie lesen nicht, weil es Spaß macht, denn angestrengte Konzentration macht keinen Spaß.

Die typischsten Zeichen für Legasthenie bei Erwachsenen sind wahrscheinlich langsames Lesen, vielfaches Lesen desselben Stoffs und Kopfschmerzen aufgrund von Verspannungen im Kopf, die durch die angestrengte Konzentration verursacht werden.

Bei Legasthenikern besteht ein großer Unterschied zwischen Konzentration und *Aufmerksamkeit*. Eine Sache mit Aufmerksamkeit zu verfolgen macht Spaß. Sich auf etwas Lebensbedrohendes zu konzentrieren macht ganz und gar keinen Spaß. Es ist vielmehr äußerst unangenehm. Nicht lesen und schreiben zu können wird von Legasthenikern oft als lebensbedrohend empfunden.

»Kannst du mal ...«

Eine einfachere Lösung als die angestrengte Konzentration besteht darin, daß erwachsene Legastheniker andere dazu bringen, für sie zu lesen und zu schreiben. Vielleicht sind auch Sie schon ein Opfer dieser Strategie gewesen. »Kannst du das mal durchsehen und mir sagen, was du davon hältst?« Klingt das vertraut?

Ging es dem Fragesteller wirklich um Ihre Meinung? Nein, denn es war ein Trick. Aber das ist Ihnen wahrscheinlich entgangen. Dem anderen war nicht an Ihrer Meinung, sondern an dem Inhalt des Schriftstücks gelegen. Er konnte es selbst nicht lesen und bediente sich Ihrer Lesefähigkeit.

Manche hochbegabten Legastheniker steigen in hohe Positionen auf, weil sie ein intuitives Talent dafür haben, die passende Strategie zu erspüren, um andere für sich einzuspannen. Sie werden immer eine Menge Geld in die neuesten Diktier- und Videogeräte stecken, mit anderen Worten: in alles, was Information in einer anderen Form als der geschriebenen vermittelt. Sie verlassen sich auf vertrauenswürdige Angestellte, die für sie lesen und schriftliche Mitteilungen ausgeben. Der einfache Grund dafür ist, daß sie insgeheim praktisch Analphabeten sind.

Nützlich oder hinderlich?

Es ist eine Ironie, daß viele der »besten« Unterrichtsmethoden bei den Legasthenikern, denen man damit zu helfen versucht, in erster Linie zwanghafte Verhaltensweisen hervorrufen oder verfestigen. Das ist verständlich, denn es sieht so aus, als wenn der Legastheniker nun endlich zu lernen beginnt.

Aber das ist eine Illusion. Das Kind wird in Wirklichkeit nur darin trainiert, automatische Handlungen auszuführen, die es nicht versteht. Dieses Training wird zu einer lebenslangen Behinderung, es sei denn, daß diese irgendwann später behoben wird.

6
Leseschwäche

Der Leser hat vielleicht vergessen, wie er lesen gelernt hat. Wer gut lesen kann, tut es ganz automatisch. Er ist sich nicht bewußt, daß sein Verstand dabei eine große Anzahl von Prozessen durchläuft. Manche Forscher halten das Lesen für eine der komplexesten Tätigkeiten, die wir unserem Gehirn abverlangen.

Es gibt eine Computersoftware für *optische Zeichenerkennung*. Sie »liest« das Bild von Gedrucktem und verwandelt es in Textzeichen, die in einem Computerprogramm benutzt werden können. Die Post verwendet diese Technik, um Briefe und andere Postsachen entsprechend den Postleitzahlen zu ordnen. Es ist ein schwieriger und zeitraubender Prozeß mit einer hohen Fehlerquote. Wenn man bedenkt, wie komplex er ist, kann man nur staunen, daß er überhaupt funktioniert.

Wenn man liest, leistet das Gehirn solche Arbeit (obwohl es im Unterschied zu den Computerprogrammen wahrscheinlich viele vollständige Wörter erkennt). Dann muß man die Wörter im inneren Wörterbuch nachschlagen und so zusammenreihen, daß sie im Rahmen eines ganzen Satzes oder Gedankens einen Sinn ergeben. Man verwandelt im Grunde sichtbare Zeichen in Wortlaute und verbindet diese zu Sprache. Für den Legastheniker entstehen dabei zwei Schwierigkeiten.

Erstens: Wenn er desorientiert ist, erhält seine optische Zeichenerkennungssoftware kein klares Bild von den Zeichen auf dem Papier – diese Software versucht, so etwas wie eine schlechte Kopie zu lesen und macht deshalb mehr Fehler.

Zweitens: Der Legastheniker »hört« nicht wirklich Gedanken innerlich. Das heißt, er verbindet die sichtbaren Wortzeichen nicht mit den Wortlauten. Und obwohl es heute populär ist, phonische, das heißt lautlich-stimmliche Methoden im Leseunterricht zu benutzen, fällt es Legasthenikern nach wie vor leichter, das einzelne Wortbild als ganzes zu erfassen und ohne Wortlaut mit dem dazugehörigen Begriff zu verbinden.

Die Schwierigkeiten, die Legastheniker haben, wenn sie lesen lernen, sind dieselben wie die, die alle Kinder haben; sie sind nur größer, und sie werden durch Unregelmäßigkeiten in der Schreibweise vermehrt. Wenn die Schreibweise ganz exakt, logisch und phonetisch geregelt würde und wenn die Schulbücher der ersten Klassen immer auf dieselbe Art und in sehr klarer, optisch gefälliger Weise gestaltet würden, wären einige dieser Schwierigkeiten für alle Kinder ein gutes Stück vermindert.

Das Problem mit der Typographie

Bis Anfang dieses Jahrhunderts sah alles Gedruckte ziemlich gleichartig aus. Das hatte einen einfachen Grund: Die Lettern, die der Setzer benutzte, waren aus Metall. Der Drucker konnte sich daher nur eine beschränkte Anzahl von Schriftarten leisten, und diese mußten sich einförmig in einer Reihe zusammenfügen lassen. Ausnahme waren handgemalte Zeichen und Plakate.

Heute haben wir dank der Computerisierung des Schriftsatzes eine Fülle von Schriftarten. Graphikern stehen zudem moderne Techniken zur Verfügung, mit denen sie die Typen beliebig gestalten können. Dies alles macht das Gedruckte abwechslungsreicher und ästhetisch ansprechender, erschwert aber das Lesen, insbesondere für Legastheniker, die ihre eigenen Verzerrungen hinzufügen, wo immer sie auf ein Wort oder Symbol stoßen, das sie desorientiert. Das gilt sogar für Wörterbücher, die für Schulkinder bestimmt sind. Wie verstehen Sie zum Beispiel dieses Zeichen: ll? Ist es eine arabische *Elf*, eine römische *Zwei* oder ein kleines Doppel-*L*?

Nebenstehend eine Auswahl von Schriftarten. Vielleicht führen Sie einmal das folgende Experiment durch: Legen Sie das Buch vor einen Spiegel, oder drehen Sie es um, so daß die Buchstaben auf dem Kopf stehen. Welche Schriftarten sind schwerer zu lesen? Sie werden sicher entdecken, daß die schwierigsten auch die ungewöhnlichsten und dekorativsten sind. Diese sind auch für Legastheniker am schwierigsten zu entziffern.

Probleme mit dem Alphabet

Unser Alphabet ist phonetisch ungenau und unvollständig. Um alle möglichen Laute menschlicher Sprache darzustellen, müßte es wesentlich umfassender sein. Das russische Alphabet hat 33 Buchstaben, nicht 26 wie das unsere. Einige andere Alphabete sind noch umfangreicher und genauer.

Würde man jeden Laut durch ein einziges Zeichen anzeigen, dann würde dies sowohl jede Unklarheit und mögliche Verwechslung beseitigen als auch die Zahl der Buchstabenverbindungen verringern, mit denen man bestimmte einzelne Laute ausdrückt. Im Deutschen drückt zum Beispiel das *ch* sowohl den »Ach-Laut« als auch den »Ich-Laut« aus. Kinder und Deutsch lernende Ausländer könnten beim Lesen immer ohne weiteres den richtigen Laut treffen, wenn es für jeden dieser beiden Laute ein spe-

ABCDEFGHIJKLMNOPQRSTUVWXYZ
zyxwvutsrqponmlkjihgfedcba 1234567890

ABCDEFGHIJKLMNOPQRSTUVWXYZ
ZYXWVUTSRQPONMLKJIHGFEDCBA 1234567890

ABCDEFGHIJKLMNOPQRSTUVWXYZ
zyxwvutsrqponmlkjihgfedcba 1234567890

ABCDEFGHIJKLMNOPQRSTUVWXYZ
ZYXWVUTSRQPONMLKJIHGFEDCBA 1234567890

ABCDEFGHIJKLMNOPQRSTUVWXYZ
zyxwvutsrqponmlkjihgfedcba 1234567890

ABCDEFGHIJKLMNOPQRSTUVWXYZ
zyxwvutsrqponmlkjihgfedcba 1234567890

ABCDEFGHIJKLMNOPQRSTUVWXYZ
zyxwvutsrqponmlkjihgfedcba 1234567890

ABCDEFGHIJKLMNOPQRSTUVWXYZ
zyxwvutsrqponmlkjihgfedcba 1234567890

ABCDEFGHIJKLMNOPQRSTUVWXYZ
zyxwvutsrqponmlkjihgfedcba 1234567890

ABCDEFGHIJKLMNOPQRSTUVWXYZ
zyxwvutsrqponmlkjihgfedcba 1234567890

zielles einzelnes Zeichen gäbe. Ebenso könnte der Zischlaut, der durch das *sch* angezeigt wird, durch ein einziges Schriftzeichen wiedergegeben werden. Einige andere Sprachen sind phonetisch genauer als das Deutsche. In ihnen können Kinder und Ausländer von der ersten Lesestunde an sofort alles Geschriebene genau aussprechen, da jedem Schriftzeichen nur ein bestimmter Laut entspricht. Alles Raten und Lernen von Regeln ist also unnötig. Solche Sprachen beziehungsweise Schriftsysteme sind für Legastheniker leichter.

Umgekehrt gibt es Sprachen, die weit weniger phonetisch geschrieben werden als das Deutsche, allen voran das Englische, das betont historisch orientiert ist. Die englische Schreibweise war vor Jahrhunderten einmal einigermaßen phonetisch, hat sich aber kaum geändert, während die gesprochene Sprache heute wesentlich anders klingt, also weit von der ursprünglichen und immer noch geltenden alten Schreibweise abweicht. Englische Legastheniker haben daher noch weit größere Schwierigkeiten als andere.

Viele Sprachen benutzen auch besondere kleine Zusatzzeichen, um die Laute zu präzisieren. Im Deutschen kennen wir nur die zwei Pünktchen über den Umlauten *ä*, *ö*, *ü*. Im Spanischen, Portugiesischen und Französischen deuten Akzente die genaue Aussprache mancher Vokale an. Im Tschechischen dienen kleine Häkchen dazu, die genaue Aussprache gewisser Konsonanten zu bestimmen. Im Spanischen wird man zudem immer schon am Anfang eines Satzes durch ein umgekehrtes Frage- oder Ausrufezeichen höflich darauf aufmerksam gemacht, daß eine Frage oder ein Befehl folgt.

Nichtsdestoweniger ist Legasthenie eine weltweite Erscheinung, genauer gesagt, eine Erscheinung, die in allen Sprachen auftritt, die durch Lautsymbole aufgezeichnet werden. Die mögliche Ausnahme sind Sprachen, die piktographisch, das heißt durch Bildzeichen, ausgedrückt werden, wie zum Beispiel das Chinesische.

Die Lautsymbole unseres Schriftsystems sind aber nicht das einzige, was legasthenische Symptome hervorruft. Verwirrung und folglich Desorientierung treten auch in der Mathematik und in der Handschrift auf. Sie zeigen sich in der Verwechslung von rechts und links und werden besonders unangenehm als Mangel an Aufmerksamkeit oder als Übermaß an Aktivität, also als Hyperaktivität, erfahren.

7
Rechtschreibschwäche

Die Rechtschreibprobleme eines Legasthenikers werden hauptsächlich durch die Desorientierung hervorgerufen. Wenn der Lesende sich desorientiert, erhält er mehrere Ansichten von dem Wort, das er gerade anschaut. Er sieht es nicht nur vorwärts und rückwärts und in beiden Richtungen auf dem Kopf, sondern auch zerstückelt und auf jede erdenkliche Weise neu zusammengesetzt. Von einem Wort mit drei Buchstaben, wie zum Beispiel »rot«, gibt es wenigstens vierzig Variationen, und nur sechs davon sind »logische« Versionen, bei denen die drei Buchstaben wie in normaler Schrift aufrecht nebeneinanderstehen, nämlich *ROT*, *TOR*, *OTR*, *RTO*, *ORT* und *TRO* (*siehe Illustration auf Seite 100*).

In diesen Versionen werden die Buchstaben natürlich nur zweidimensional variiert. Legastheniker sehen Buchstaben jedoch oft dreidimensional, als wenn sie im Raum schwebten. Dadurch wird eine unendliche Zahl von Variationen möglich. Ein kleines Mädchen erzählte beispielsweise, die Buchstaben würden vom Blatt krabbeln und sich im Teppich verstecken.

Die Regeln funktionieren nicht

Rechtsschreibregeln zu lehren ist frustrierend, denn es gibt zu viele Ausnahmen von den Regeln.

Sobald die Wahrnehmung scharf und genau geworden ist, wird auch die Rechtschreibung besser. Buchstabier-Lesen (Kapitel 32) und Symbolbeherrschung (Kapitel 31 und 33) sind die besten Methoden, die ich entdeckt habe und mit denen man Legasthenikern beibringen kann, Wörter zu erkennen und richtig zu schreiben, die sie beim täglichen Lesen und Schreiben benützen müssen.

Das geschriebene Wort ist nichts anderes als ein Symbol, das aus einem oder mehreren Buchstaben des Alphabets besteht. Die Symbole zeigen zusammen an, wie das Wort auf dem Papier aussieht, wie es gesprochen klingt und was es bedeutet. Die Rechtschreibung hat nur damit zu tun, wie es »auf dem Papier aussieht«. Wenn man die Symbolbeherrschung benutzt und das Wort genau kennt, dann lernt man auch seinen Laut und seine Bedeutung und kann es mühelos lesen, sprechen und denken.

Wie wichtig ist das überhaupt?

Unser Schulsystem und unsere Rechtschreibungspäpste – allen voran der *Duden* mit seinen oft mehr als fragwürdigen Entscheidungen – treiben fast einen Kult mit gültigen Regeln und maßgebenden Vorschriften.

Das war nicht immer so. In William Shakespeares England oder im Deutschland Martin Luthers akzeptierte man durchaus unterschiedliche Schreibungsvarianten eines Wortes, solange nur Klang und Sinn desselben für den Lesenden eindeutig zu erkennen waren. Im Laufe der Jahrhunderte haben sich die Schreibungsgewohnheiten bekanntlich stark verändert.

Aber anstatt sich auf die in manchen Fällen bizarr wirkenden Normierungsentscheidungen der Dudenredaktion zu versteifen und nur zwischen »erlaubt« und »verboten«,

»richtig« und »falsch« zu unterscheiden – beziehungsweise das Rechtschreiben zum Wettbewerbsgegenstand verkommen zu lassen –, sollte man ganz einfach die Unterschiede zwischen den Schreibweisen, die ein Schüler vorlegt, und denen, die ein Wörterbuch anbietet, herausarbeiten.

Auf diesem Wege kann man vergleichen und die Überlegungen aufzeigen, die zu dem jeweiligen Ergebnis führten. Beim Vergleichen lernen die Schüler am meisten. Kritik ist keine gute Methode, künftige Schreibfehler zu verhindern. Und wenn ein Schüler nach wie vor Fehler macht, weil er versucht, bestimmte Wörter lautgerecht niederzuschreiben, dann darf man nicht ihm Vorwürfe machen, sondern allenfalls einem unter phonetischen Gesichtspunkten höchst ungenauen Rechtschreibsystem.

8
Rechenschwäche

Nicht alle Legastheniker haben auch Probleme mit der Mathematik. Die Legasthenie wird manchmal in Anlehnung an den englischen Ausdruck »dyslexia« als *Dyslexie* bezeichnet. Ähnlich läßt sich die typische Rechenschwäche mancher Legastheniker *Dyskalkulie* (englisch *dyscalculia*) nennen. Viele der gewöhnlichen Schwierigkeiten kommen durch die Methoden zustande, mit denen Mathematik unterrichtet wird. Aber der Legastheniker hat ein grundsätzliches Problem, das die Erlernung der Mathematik schwierig, wenn nicht unmöglich macht.

Die Dyskalkulie läßt sich direkt auf Verzerrungen im Zeitsinn zurückführen, die man bei legasthenischen Kindern häufig antrifft. Sie treten gleichzeitig mit der Desorientierung im Bereich des Sehens und Hörens auf.

Die innere Uhr

Jeder erlebt bis zu einem gewissen Grade Verzerrungen im Zeitsinn. Sie entstehen gewöhnlich in Verbindung mit den Emotionen der Langeweile und der Erregung. Wenn man sich langweilt, wird die innere Uhr beschleunigt, und die Zeit scheint zu kriechen. Wenn man sich erregt, verlangsamt sich die innere Uhr, und die Zeit scheint zu fliegen. Diese Verzerrungen sind aber geringfügig im Vergleich zu denen, die der Legastheniker erlebt, wenn er desorientiert ist. Wenn der Legastheniker ein Tänzer, Sportler oder Feuerwehrmann ist, kann die Fähigkeit, die Zeit im Zeitlupentempo zu erleben, von großem Vorteil sein. Tatsächlich scheinen manche Tänzer und Basketballspieler in der Luft stillzustehen.

Die Theorie, daß der Zeitsinn biochemisch von dem Neurotransmitter Dopamin bestimmt wird, der die Synapsen des Gehirns umhüllt, erscheint mir einleuchtend. Je mehr Dopamin vorhanden ist, desto schneller geht die innere Uhr, und desto langsamer scheint die äußere Zeit zu verstreichen. Je weniger Dopamin vorhanden ist, desto langsamer geht die innere Uhr, und desto schneller scheint die äußere Zeit zu fliegen. Desorientierung beeinflußt offenbar die Menge des Dopamins, die im Gehirn erzeugt und verteilt wird.

Desorientierung ist ein ständiger innerer Begleiter legasthenischer Kinder. Verzerrte Wahrnehmung ist genauso alltäglich für sie wie normale Wahrnehmung. Die meisten von ihnen haben daher einen schwachen Zeitsinn, sie haben kaum ein Gefühl für die Zeit. Nichtlegasthenische Kinder erleben die Zeit als ziemlich gleichförmig. Mit etwa sieben Jahren können sie den Ablauf der Zeit ziemlich genau bestimmen. Der Legastheniker hat die Zeit nie als eine gleichförmige Bewegung erlebt und kann ihren Fortgang daher überhaupt nicht einschätzen.

Ohne einen natürlichen Zeitsinn ist es aber schwierig, wenn nicht unmöglich, den Begriff »Abfolge« zu verstehen. Selbst einfaches Zählen ist eine Art Abfolge. Dem siebenjährigen Legastheniker könnte also auch dieser natürliche Begriff fehlen.

Ohne die Begriffe »Zeit« und »Abfolge« lassen sich die Begriffe »Ordnung« und »Unordnung« nicht genau verstehen.

Die grundlegenden Elemente der Mathematik

Die ganze Mathematik von der einfachsten Arithmetik bis zur komplexesten Differential- und Integralrechnung beruht auf Ordnung, Abfolge und Zeit. Kinder, die ein natürliches Gefühl für diese drei Grundphänomene haben, können Mathematik lernen und verstehen. Für Kinder, die keinen Sinn für diese Grundphänomene haben, läuft das Lernen der Mathematik auf Auswendiglernen hinaus. Sie können mathematische Aufgaben nur in dem Grade ausführen, wie sie fähig sind, die schematischen Vorgehensweisen zu behalten. Ohne ein Verständnis der drei Grundphänomene ist kein wirkliches Verständnis der Mathematik und ihrer Prinzipien möglich.

Wenn Legastheniker Mathematik lernen, müssen sie also diese drei grundlegenden Dinge beherrschen:

1. *Zeit* – oder die Bemessung der Veränderung nach einem Standardmaß,
2. *Abfolge* – oder die Art und Weise, wie das eine dem andern je nach Menge, Größe oder Wichtigkeit folgt,
3. *Ordnung* – oder die Art und Weise, wie Dinge sich nach Ort, Lage und Zustand aufeinander beziehen,

Wenn der Legastheniker diese drei Elemente beherrscht, ist auch die Beherrschung des Umgangs mit Zahlen möglich. Rechnen zu lernen braucht dann keine Mühsal mehr zu sein, es kann zur Freude werden.

Am Rande sei noch dies vermerkt: Auch die Musik beruht auf denselben drei Grundelementen Ordnung, Abfolge und Zeit. Sie drückt sich nur durch ein anderes Mittel aus. Es ist daher vielleicht nicht ganz überraschend, daß viele große Mathematiker auch begabte Musiker sind oder umgekehrt, so zum Beispiel Einstein und Mozart.

9
Schreibschwäche

Wenn Legastheniker Schreibprobleme haben, kann man das als *Dysgraphie* bezeichnen. Auch diese Behinderung ist oft mit Desorientierung verbunden. Es gibt aber auch andere Ursachen dafür, daß jemand nicht gut schreiben kann. Manche Kinder und auch manche Erwachsene benutzen zum Beispiel eine schlechte Handschrift, um damit ihre Rechtschreibschwäche oder sonstige Mängel zu tarnen. Oft genug fällt die Handschrift nur deshalb so schlecht aus, weil der Schüler zum Schreiben aufgefordert wird, während er desorientiert ist.

Mannigfaltige innere Bilder

Die gewöhnlichste Art von Schreibproblem tritt auf, wenn Legastheniker so im Übermaß darüber belehrt worden sind, wie ihre Handschrift aussehen *soll*, daß sie mannigfaltige einander überlagernde innere Bilder von Buchstaben und Wörtern haben. Mit einem Stift kann man aber immer nur jeweils eine Linie ziehen. Was sie schreiben, ist daher eine Kombination all dieser Bilder, wobei sie oft von Bild zu Bild wechseln. Das Ergebnis ist ein Wirrwarr von Linien, die wahllos auf dem Papier umherzappeln.

Die Lösung besteht darin, daß sie die alten inneren Bilder loswerden. Sobald sie das geschafft haben, bekommen sie ein einziges klares Bild davon, wie Geschriebenes aussehen soll. Und hier ist es dann von Vorteil, daß Legastheniker eine so lebhafte Vorstellung haben: Um die überflüssigen alten Bilder aufzugeben, brauchen sie sich nur eins nach dem anderen vorzunehmen und es quasi auszuradieren.

Inaktive Nervenbahnen

Die schlimmste Art von Schreibproblem ist am schwersten zu erklären. Sie beruht darauf, wie das Gehirn Reize verarbeitet und Reaktionen in Gang setzt.

Stellen Sie sich das Gehirn als ein großes Fischernetz vor. Es besteht aus senkrechten und waagerechten Fäden, die an allen Kreuzungsstellen verknotet sind. In diesem Modell sind die Fäden die Nerven und die Knoten die Synapsen. Indem man an den Fäden entlangfährt, kann man von jedem Knoten zu allen anderen Knoten gelangen. Theoretisch ist also jede Synapse mit allen anderen Synapsen verbunden.

Stellen Sie sich nun weiter vor, das Netz sei in mehrere hundert verschiedene Abschnitte unterteilt, von denen jeder einen besonderen Dienst beisteuert. Es gibt Sehabschnitte, Hörabschnitte, Fingerbewegungsabschnitte, Abschnitte für alle Formen von Wahrnehmung und Aktivität.

Wenn ein Wahrnehmungsreiz ins Netz gelangt, wird der nächstliegende Knoten gereizt. Das Signal wird verarbeitet und weitergegeben in Form von Reizen, die an anderen Fäden entlang zu weiteren Knoten geschickt werden, bis schließlich der ursprüngliche Reiz alle Knoten erreicht hat, die er erreichen muß. Es gibt zahllose verschiedene Bahnen, denen dieser Reiz folgen kann. Sobald eine bestimmte Bahn benutzt wird, wird sie belebt und damit auch kräftiger. Und je kräftiger sie wird, desto mehr wird sie wiederum benutzt. Es gibt gewisse Bahnen, die nie gereizt werden und folglich leblos und unbenutzt bleiben.

Stellen Sie sich also vor, daß die Bahnen Nervenbahnen sind und daß eine Gruppe von ihnen ein Netzwerk von Nerven darstellt. Bedenken Sie nun, daß die Wahrnehmungen des Legasthenikers aufgrund seiner Desorientierung verzerrt sind und folglich die Nervenbahnen, mit denen man scharf gezogene diagonale Linien sieht, nie benutzt wurden. Er ist daher einfach nicht in der Lage, scharf gezogene diagonale Linien zu sehen.

Dies heißt aber nicht, daß seine Augen keine genauen Bilder liefern würden. Das Problem liegt vielmehr darin, daß das Gehirn die Bilder diagonaler Geraden nicht verarbeitet. Die Nervenbahnen, die auf diese Reize antworten würden, sind nie benutzt worden. Und da das Gehirn nie in der Lage war, diagonale Geraden zu sehen, kann es auch nicht der Hand signalisieren, solch eine Linie zu ziehen, denn die dazu bestimmte Nervenbahn ist nie benutzt worden.

Da das dysgraphische Kind beim Schreiben diagonale Linien ziehen soll, ohne sie je gesehen zu haben, wird es Linien ziehen, die es gesehen hat. Dabei wird die verzerrte Wahrnehmung, die beim Anblick diagonaler Linien entstand, das Modell sein für die Linie, die entsteht, wenn die Nervenbahn der Hand den Befehl gibt: »Zieh die Linie!«

Dies ist ein vereinfachendes Modell, aber das Prinzip stimmt. Ich habe mit vielen Legasthenikern gearbeitet, die diagonale Linien einfach nicht sehen konnten. Wenn wir mit Knete arbeiteten, konnten sie die Buchstaben, die diagonale Linien enthalten, wie zum Beispiel *A*, *M*, *N*, *V*, *W* und *X*, nicht modellieren. Das W fällt meist am schlimmsten aus. Die Klienten können sich einfach nicht vorstellen, wie man vier gerade Kneteschlangen aneinanderfügen soll, so daß sie wie ein *W* aussehen.

Wenn Mütter oder Lehrer mir bei der Arbeit mit solchen Kindern zusehen, werden sie manchmal frustriert, weil die Kinder es offenbar nicht schaffen. Ich werde nicht frustriert, denn ich weiß genau, was wirklich vorgeht.

Sobald der Legastheniker orientiert ist, weiß ich, daß jetzt die Nervenbahnen, mit denen man diagonale Geraden sieht, stimuliert werden können. Sie werden nun nicht mehr durch irgendwelche Verzerrungen blockiert. Und ich weiß auch, daß der Klient von nun an mit jedem Versuch, die einzelnen Kneteteile zusammenzubringen, bisher unbenutzte Nervenbahnen öffnet. Es dauert nicht lange, meistens weniger als eine Stunde, bis die Nervenbahn geöffnet ist und der Klient eine diagonale Linie zieht. Sobald die Nervenbahn sich öffnet, wird sie belebt und immer kräftiger. Binnen ein bis zwei Tagen kann der Klient gewöhnlich alle diagonalen Linien in der Umgebung sehen, die für ihn bisher unsichtbar oder verzerrt waren.

In diesem Beispiel habe ich diagonale Geraden benutzt. Im Alltag ist die Sache aber viel komplexer. Dasselbe kann mit vielen anderen optischen Reizen geschehen. Das Problem wird behoben, indem man dem Legastheniker zuerst dazu verhilft, sich in einen orientierten Zustand zu versetzen, ihm dann die passenden Reize verschafft und ihn mit Hilfe der Symbolbeherrschung die fehlende Information darstellen läßt.

14. Mai

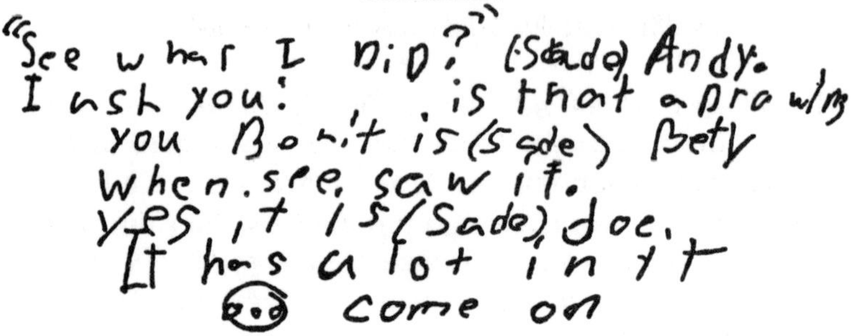

"See whar I Dip?" (Sade) Andy.
I ask you: is that a Drawing
you Bon't is (Sade) Bety
when. see saw it.
yes, it is (Sade) Joe.
It has a lot in it
come on

16. Mai

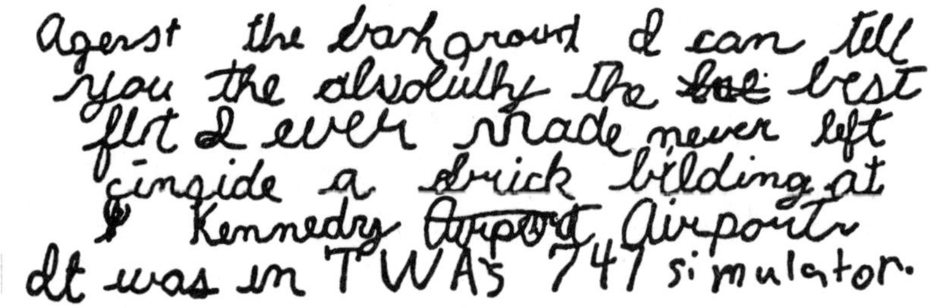

agerst the backgroud I can tell
you the alvolulty the ~~bse~~ best
flit I ever made never left
cinside a ~~brick~~ bilding at
Kennedy ~~Airport~~ Airport.
It was in TWAS 741 simulator.

17. Mai

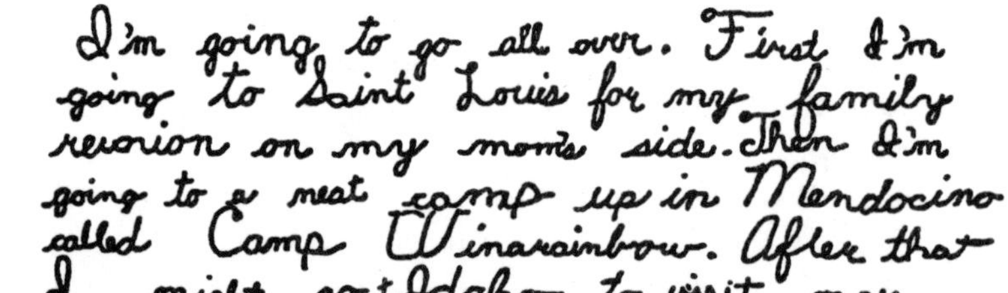

I'm going to go all over. First I'm
going to Saint Louis for my family
reunion on my mom's side. Then I'm
going to a neat camp up in Mendocino
called Camp Winarainbow. After that
I might go to Idaho to visit my
uncle.

Handschriftenproben, die ein elfjähriger Dysgraphiker an drei aufeinanderfolgenden Tagen im Orientierungstraining anfertigte.

»Wie hast du das zustande gebracht?«

Wir werden oft gefragt, wie die beträchtlichen Verbesserungen der Handschrift, die hier gezeigt werden, in nur vier Tagen möglich sind.

Dieser Junge hatte den IQ eines Genies. Als Elfjähriger las er aus bloßem Spaß an der Sache eine Enzyklopädie und diktierte seiner Mutter vollständige Dramen und Kurzgeschichten. Aber wenn er zu schreiben versuchte, brach er jedesmal nach wenigen Wörtern die Bleistiftspitze ab. Sein Hauptziel war, seine Dysgraphie zu überwinden und in Schreibschrift schreiben zu lernen.

Die Ursache, die seiner Dysgraphie zugrunde lag, war eine Kombination aus starken Desorientierungen im Gesichts- und Bewegungssinn, vielfachen inneren Bildern davon, wie geschriebene Wörter auszusehen hätten, und mangelnder Entwicklung von Nervenbahnen, die für das Sehen gewisser Formen oder Ausrichtungen von Linien erforderlich sind.

Der erste Schritt zur Überwindung seiner Dysgraphie war das Orientierungstraining. Anschließend erhielt er auch das ganze in Kapitel 31 beschriebene Symbolbeherrschungstraining für das Alphabet und die Satzzeichen.

Ein weiterer Schritt zur Überwindung seines Schreibproblems bestand darin, daß ihm von jedem Buchstaben ein Modell vorgelegt wurde, das er nachzubilden hatte. Die Buchstaben, die er nicht schreiben konnte, erforderten Handbewegungen, die Desorientierung bei ihm auslösten. Sobald diese gefunden waren, wurde jede Handbewegung einzeln geübt, zuerst in der Luft und dann ganz groß auf Papier, bis sie keine Desorientierung mehr hervorrief. Es waren Bewegungen, die viele der in der

Schreibschrift verwendeten Kurven und Richtungsänderungen enthielten.

Der harte Griff, mit dem er verkrampft den Bleistift umklammerte, wurde dadurch aufgelockert, daß man ihn auf einem großen Bogen Papier mit einem dicken Filzstift große Zeichenbewegungen üben ließ. Die Größe der Linienführung wurde allmählich reduziert, bis er mit einem Bleistift oder einer Schreibfeder auf Papier kleine Zeichen und Kritzeleien ausführen konnte.

Schließlich konnte er sich daranmachen, ein Wort zu schreiben. Nach jedem Versuch wurde er gefragt, ob er irgendein inneres Bild davon hätte, wie das Wort aussehen sollte, und er wurde aufgefordert, solche Bilder auszuradieren. Danach wurde er gebeten, das Wort noch einmal zu schreiben, und man fragte ihn wieder, ob er ein Bild davon hätte, wie das Wort aussehen sollte. Dieser Vorgang wurde wiederholt, bis er kein Bild mehr davon hatte, wie das Wort aussehen »sollte«, sondern nur noch ein einziges (wirkliches) Bild. Diese ganze Übung wurde mit vielen Wörtern durchgeführt, bis er spontan alle alten Bilder davon ausradiert hatte, »wie Wörter auszusehen hätten«. Und an diesem Punkt lernte er ohne weiteres mit einfacher Unterweisung zu schreiben.

10

Mangelnde Aufmerksamkeitssteuerung

Mangel an Aufmerksamkeit gibt es, seit Lehrer Schülern Dinge beizubringen versuchen, für die sie selbst kein Interesse haben. In den meisten Fällen sollte man es nicht als Lernbehinderung, sondern als *Lehr*behinderung bezeichnen.

Es gibt aber eine wirkliche Störung, *mangelnde Aufmerksamkeitssteuerung* genannt, die stete Aufmerksamkeit unmöglich macht. Wo sie vorliegt, ist erfolgreiche Mitarbeit in der Schule unmöglich.

Viele Kinder sind tatsächlich nicht imstande, mit ihrer Aufmerksamkeit lange bei einer Sache zu bleiben. Sie werden ständig abgelenkt, werden von allem gefangengenommen, was gerade in ihr Blickfeld tritt. Sie lassen ihre Aufmerksamkeit umherschweifen, anstatt sie auf die Aufgabe zu richten, die der Lehrer stellt. Manchen von ihnen wird die Diagnose gestellt, sie litten an der genannten mangelnden Aufmerksamkeitssteuerung.

Oft ist ein weiteres Syndrom mit mangelnder Aufmerksamkeit verbunden, die *Hyperaktivität*. Beide Beschwerden gehen auf Störungen in der frühkindlichen Entwicklung zurück.

Verschiedene Lernstile

»Normale« Kinder kommen mit einer grundlegenden Fertigkeit zur Schule, die legasthenischen Kindern abgeht: Sie haben bereits vor Schulbeginn eine gewisse Konzentrationsfähigkeit entwickelt. Legasthenische Kinder beginnen diese zum Teil fragwürdige Fähigkeit meist erst im Alter von neun Jahren oder in der dritten Klasse zu entfalten.

Legasthenische Kinder haben Zugang zu der geistigen Fähigkeit, die Dinge und Vorgänge ihrer Umgebung in verzerrter Weise wahrzunehmen und zu erkennen. Es ist ganz natürlich und normal für sie, diese Fähigkeit zu benutzen, um auf das Gefühl der Verwirrung zu reagieren. Sie machen sich damit ein klares Bild von der Umgebung, und das Gefühl der Verwirrung verschwindet. Es ist daher kein Gefühl, mit dem sie besonders vertraut sind, denn sobald es auftritt, wird es beseitigt.

Andere Vorschulkinder besitzen diese Fähigkeit nicht und sind daher oft anhaltend verwirrt.

Wenn das Kind sich verwirrt fühlt, fixiert es seine Aufmerksamkeit auf den Gegenstand, von dem die Verwirrung auszugehen scheint. Je länger die Verwirrung anhält, um so mehr konzentriert es sich. Kinder, die keine Methode besitzen, mit der sie die Verwirrung schnell loswerden können, entwickeln die Fähigkeit, sich zu konzentrieren. Legasthenische Kinder entwickeln diese Fähigkeit nicht, wenn sie noch sehr klein sind, weil sie so leicht und schnell die Reize eliminieren können, die die Entwicklung dieser Fähigkeit in Gang setzen.

Aufmerksamkeit oder Konzentration?

Für legasthenische Kinder ist es leicht und natürlich, aufmerksam zu sein, aber sehr schwierig, sich zu konzentrieren. Der Unterschied zwischen beiden Vorgängen ist erheblich. Wenn man aufmerksam ist, ist die Wahrnehmung weit offen; sie kann die gesamte unmittelbare Umgebung erfassen. Wenn man sich konzentriert, ist die Wahrnehmung vorwiegend oder vollständig auf einen einzigen Gegenstand in der Umgebung beschränkt.

Meiner Meinung nach erzeugt starke Konzentration eine einseitige Lernweise. Man sieht die Dinge nur aus einer Perspektive, übersieht den größeren Zusammenhang und dringt daher nicht zu einem tieferen Verständnis vor.

Wenn Kinder ein Fernsehprogramm sehen oder mit ihrem Spielzeug spielen, dann sind sie um so intensiver bei der Sache, je mehr der Gegenstand ihrer Aufmerksamkeit ihr Interesse und ihre Neugier weckt. Dabei bleibt aber ein Teil der Aufmerksamkeit frei für die Wahrnehmung der Umgebung. Mit anderen Worten: Das Kind richtet seine Aufmerksamkeit mehr auf eine Sache, schließt aber nicht alles andere aus. Dies gilt für Kinder allgemein, aber für legasthenische Kinder in höherem Maße als für andere Kinder.

Wißbegier

Da legasthenische Kinder sich gewöhnlich ihrer Umgebung in hohem Maße bewußt sind, neigen sie zur Wißbegier. Diese Wißbegier kann sie mehr als alles andere dazu veranlassen, sich von irgend etwas ablenken zu lassen. Wenn sie den Gegenstand ihrer Neugier interessant finden, werden sie ihm mehr Aufmerksamkeit schenken als den anderen Dingen ihrer Umgebung. Fast ihre ganze Aufmerksamkeit wird automatisch von dem angezogen, was ihnen am interessantesten vorkommt.

Wenn legasthenische Kinder im Klassenzimmer sitzen und draußen ein Geräusch hören oder wenn sich etwas am Fenster vorbeibewegt oder ein Mitschüler in der nächsten Reihe etwas fallen läßt, dann wendet ihre Aufmerksamkeit sich sofort dorthin. Die anderen Schüler und der Lehrer registrieren vielleicht nicht einmal etwas. Aber der Legastheniker reagiert automatisch, weil er den Vorgang bemerkt und neugierig wird, was es sein könnte.

Auch Langeweile spielt eine Rolle, denn Langeweile tritt oft auf bei jemand, dessen Verstand 400- bis 2000mal schneller funktioniert als beim Durchschnittsmenschen. Legasthenische Kinder, die sich langweilen, werden eines von zwei Dingen tun: Sie werden sich entweder desorientieren und in lebendige Phantasien (Tagträume) flüchten, oder sie werden ihre Aufmerksamkeit anderen Gegenständen zuwenden, die wirklich interessant sind (das heißt, sie werden sich ablenken lassen oder unaufmerksam sein).

Der Impuls zur Ablenkung oder Unaufmerksamkeit ist am stärksten, wenn der Schüler verwirrt ist oder nicht weiß, was er tun soll. Ansonsten ist Ablenkung meist nur ein willkommenes Mittel, um quälende Langeweile loszuwerden.

Es wächst allmählich die Einsicht, daß die Symptome der mangelnden Aufmerksamkeitssteuerung, ähnlich wie die Symptome der Legasthenie, in vielen praktischen Alltagssituationen von Vorteil sein können. In den letzten Jahren sind diese potentiellen Vorteile in einer Anzahl von Büchern untersucht worden, die sich mit dem Thema befassen.

Ein streng reglementiertes Klassenzimmer ist aber alles andere als eine praktische Alltagssituation.

Wenn der Lehrer nicht an die Wißbegier der Schüler appelliert, wenn er den Lehrstoff nicht interessant genug zu machen versteht, dann schafft er die perfekte Voraussetzung für Unaufmerksamkeit. Er wird schließlich den Eltern sagen, ihr legasthenisches Kind sei nicht fähig, bei der Sache zu bleiben, es sei ständig abgelenkt und müsse untersucht werden.

Hyperaktivität

Wenn mangelnde Aufmerksamkeit von Hyperaktivität begleitet ist, wirkt sie sich um so störender in der Klasse aus. Das Kind wird höchstwahrscheinlich zum Arzt geschickt und mit dem Medikament Ritalin® oder dergleichen behandelt. Hyperaktivität besteht einfach darin, daß der Schüler zu seiner geistigen Sprunghaftigkeit körperliche Bewegung hinzufügt.

Kinder, die als *hyperaktiv* gelten, sind meist Legastheniker, denn die Desorientierung hat ihre körperlichen Auswirkungen. Die meisten Schüler langweilen sich und haben große Mühe, wach und aufmerksam zu bleiben, wenn sie verwirrt sind oder kein Interesse am Unterricht aufbringen. Legastheniker werden obendrein desorientiert.

Der Mechanismus der Hyperaktivität ist leicht zu verstehen, wenn man ihn aus der folgenden Perspektive betrachtet. Der Schüler hat kein Interesse am Unterricht und versteht nicht, was der Lehrer sagt. Er langweilt sich also und ist verwirrt. Dieser Zustand aktiviert seine Fähigkeit der Wahrnehmungsveränderung, er wird desorientiert. Während er gelangweilt, verwirrt und desorientiert ist, geht seine innere Uhr schneller, und er nimmt die äußere Zeit als langsamer wahr. Jede Minute erscheint ihm doppelt so lang, und er muß sich doppelt anstrengen, um stillzusitzen, aufmerksam zu sein und sich zu konzentrieren, damit er keine Probleme mit dem Lehrer bekommt.

Alle seine Sinne sind gestört, auch der Gleichgewichtssinn und der Bewegungssinn. Diese beiden Sinne registrieren nur zweierlei Empfindungen: Man fühlt sich entweder *im* Gleichgewicht oder *aus* dem Gleichgewicht, man ist ruhig oder in Bewegung. Wenn der Schüler stillsitzt und seine Wahrnehmung verzerrt ist, hat er das Gefühl, daß er sich bewegt. Wenn er lange genug stillsitzt, wird ihm übel wie jemand, der seekrank ist. Aber sobald er sich bewegt, verkehren sich die Empfindungen, und er hat das Gefühl, daß er stillsitzt. Genau dies ist der Grund für seine dauernde körperliche Unruhe und Bewegung: Er will das Gefühl der Übelkeit loswerden und seinen aufgebrachten Magen beruhigen, damit er sich nicht übergeben muß. Dies ist vielleicht auch der Grund, warum das Stimulans Ritalin »hyperaktive« Schüler beruhigt, also eine umgekehrte Wirkung bei ihnen zu haben scheint.

Da seine Wahrnehmung verzerrt ist und die verzerrte Wahrnehmung seine unerträgliche Zappeligkeit hervorruft, wird sein Zappeln immer nur zunehmen, wenn man ihm sagt, er solle *stillsitzen*. Der Grund ist klar: Sein Gleichgewichts- und sein Bewegungssinn sind verdreht. Würde er lernen, sich zu orientieren, dann könnte die Gehirnfunktion der Wahrnehmungsverzerrung abgeschaltet werden.

Der Schüler könnte die Umgebung genau wahrnehmen. Das Bedürfnis, die verzerrten Gleichgewichts- und Bewegungswahrnehmungen durch vermehrte Bewegung auszugleichen, wäre verschwunden.

Wenn man lernt, sich zu orientieren, hören die Symptome der Desorientierung auf, aber das wird keinen Schüler je dazu bringen, sich für einen Stoff zu interessieren, der langweilig oder unklar vermittelt wird. Es ist bemerkenswert, daß gute Lehrer selten unaufmerksame Schüler in ihren Klassen haben, obwohl einige ihrer Schüler in anderen Klassen angeblich an mangelnder Aufmerksamkeitssteuerung leiden.

11

Körperliche Ungeschicklichkeit

Manche Legastheniker leiden an einer besonderen Form von chronischer körperlicher Ungeschicklichkeit namens Dyspraxie. Sie ist nicht immer mit der Legasthenie verbunden, denn Lesen, Schreiben, Rechtschreibung und Mathematik werden nicht direkt davon berührt. Sie ist eine der vielen Facetten im Gesamtkomplex der Legasthenie.

Die (englische) Redewendung: »Er kann nicht gleichzeitig gehen und Kaugummi kauen« ist wahrscheinlich erfunden worden, um einen krassen Dyspraktiker zu kennzeichnen. »Anfällig für Unfälle« ist ein weiterer gebräuchlicher Ausdruck für Dyspraxie in unserer (amerikanischen) Kultur. Eine Mutter sagte mir, ihr Sohn sei *nie aus seiner linkischen Phase herausgekommen*. Wenn wir in verzerrter Wahrnehmung die Wurzel des Problems erkennen, erscheint die Dyspraxie durchschaubar und sinnvoll.

Die Dyspraxie hat zwei Ursachen. Die erste Ursache besteht darin, daß der Gleichgewichts- und der Bewegungssinn aufgrund von Desorientierung verzerrt sind. Dies ist offensichtlich, da Desorientierung ein Schwindelgefühl hervorrufen kann. Wahrnehmungsverzerrung kann jedoch sogar bei jemandem auftreten, *ohne* daß er desorientiert ist. Dies rührt daher, daß seine natürliche Orientierung nicht optimal ist. Selbst wenn die Wahrnehmungen nicht mehr verzerrt werden, sondern sowohl klar als auch gleichbleibend geworden sind, fehlt ihnen die Genauigkeit.

Um dies besser verstehen zu können, betrachte man die zwei grundlegenden Aspekte optimaler Orientierung:

gleichbleibende Wahrnehmung und *genaue Wahrnehmung*. Wenn unsere Wahrnehmung stetig ist, können wir, selbst wenn sie nicht genau ist, doch lesen, schreiben, rechtschreiben und rechnen lernen. Die Wahrnehmung der meisten Nichtlegastheniker ist aufgrund ihrer stabilen Orientierung konstant, was bei Legasthenikern nicht der Fall ist.

Bei allen Sinnen außer dem Gleichgewichts- und dem Bewegungssinn wird ein gewisser Grad an Ungenauigkeit die Fähigkeit, zu lesen, zuzuhören, zu sprechen oder zu schreiben, nicht besonders beeinflussen. Wer kein gutes Gehör für Tonhöhen hat, kann nicht gut singen, aber er kann ohne Mühe ein Gespräch führen. Wer farbenblind ist, kann kein realistisches farbiges Bild malen, aber er kann ohne weiteres die Zeitung lesen.

Wenn aber die Wahrnehmungen des Gleichgewichts- und des Bewegungssinns *ungenau* sind, dann werden diese verzerrten Wahrnehmungen immer einen gewissen Grad von linkischem Verhalten hervorrufen. Dies sind die *vestibularen* Wahrnehmungen, die von winzigen »Bewegungssensoren« im Innenohr aufgenommen und an das Gehirn weitergeleitet werden. Es sind Kammern, die mit Flüssigkeit gefüllt sind und nach demselben Prinzip funktionieren wie die Wasserwaage des Zimmermanns. Man stelle sich vor, man würde Bilder an die Wand hängen mit einer Wasserwaage, die nicht geeicht ist. Das Ergebnis wäre eine Wand mit lauter schief hängenden Bildern.

Der Gleichgewichtssinn und der Bewegungssinn werden von der Schwerkraft und der Umwelt reguliert. Solange die Legasthenie nicht überwunden ist, liefert die Orientierung dyspraktischer Legastheniker, auch wenn sie nicht desorientiert sind, keine genaue vestibulare Wahrnehmung. Jede Wahrnehmungsverzerrung – selbst wenn sie konstant ist – bewirkt im Wahrnehmenden eine inkorrekte Ansicht der physischen Umgebung und zeigt sich in seinen körperlichen Reaktionen.

Dyspraxie ist begründet, denn wenn der Gleichgewichts- und der Bewegungssinn entweder vorübergehend verzerrt oder von Natur aus ungenau sind, ist linkisches Verhalten zu erwarten.

Alle Legastheniker erleben von Zeit zu Zeit aufgrund von Desorientierung einen gewissen Grad von Dyspraxie. Als chronische Behinderung taucht sie aber nur in etwa zehn bis fünfzehn Prozent der legasthenischen Kinder auf. Der Grad der Behinderung ist genauso variabel wie bei allen anderen Aspekten der Legasthenie.

Die chronische Ungeschicklichkeit, die durch ungenaue Wahrnehmung hervorgerufen wird, verliert sich, wenn das in den Kapiteln 29 und 30 beschriebene Feineinstellungsverfahren durchgeführt wird. Das sporadisch durch Desorientierung bewirkte linkische Verhalten wird allmählich dadurch zum Verschwinden gebracht, daß die Legasthenie selbst durch die Beherrschung sprachlicher Symbole überwunden wird.

12

Der Weg aus der Sackgasse

Jeder Legastheniker muß die Fähigkeit entwickeln, mit den Symbolen und Wörtern zu denken, die ihn desorientieren. Diese Wörter sind bereits Teil seines mündlichen Vokabulars, aber wenn er sie erklären soll, ist er ratlos, denn er hat keine inneren Bilder von ihnen.

Solange der Legastheniker die Auslösewörter nicht völlig versteht, so daß er sie auch beim Denken verwenden kann, wird jede Besserungsmethode das Problem eher vergrößern als verkleinern.

Dies ist eine verzwickte Situation. Der Legastheniker muß mit ebenjenen Wörtern denken lernen, die seine Desorientierung veranlassen. Wenn er mit ihnen konfrontiert wird, verzerren sie die Daten, die er zu lernen versucht. Wenn wir ihm eine Definition für ein Wort anbieten, haben wir den Zweck bereits verfehlt, denn alles, was der Legastheniker im desorientierten Zustand hört oder liest, wird verändert und verfälscht. Wir könnten ihn genausogut bitten, ins Feuer zu gehen, ohne sich zu verbrennen.

Es ist eine Sackgasse, ein Teufelskreis. Die Aktion, die das Problem lösen soll, schafft das Problem.

Orientierungstraining

Um Legastheniker aus dieser Sackgasse herauszuführen, müssen wir ihnen eine Methode geben, mit der sie die Desorientierung überwinden können, die durch Auslösewörter bewirkt wird. Im Orientierungstraining nach Ronald Davis erlernen sie eine einfachc Technik, mit der sie die Desorientierung abschalten können. Sobald sie Vielfachwahrnehmungen zu vermeiden lernen, erhalten sie jederzeit eine stabile, unverzerrte Sicht. Wenn sie die Technik beherrschen, können sie sie überall mühelos und in weniger als einer Sekunde anwenden. Dieses Orientierungstraining wird im 27. Kapitel behandelt.

Das Ergebnis der *Orientierung* ist eine genaue und stete Wahrnehmung aller Dinge in der Umgebung, darunter auch der zweidimensionalen gedruckten Wörter. Wenn Legastheniker orientiert sind, sehen sie die Buchstaben und Wörter auf dem Papier genau so, wie sie sind - ohne jede Verzerrung. Die Information kann also in der richtigen Form aufgenommen werden.

Wenn Legastheniker ihre *Desorientierung* bemerken und in der Lage sind, sich bewußt und nach Belieben in einen Zustand der Orientierung zu versetzen, dann können sie jede Desorientierung abschalten, sobald sie auftritt. Sie können sich dann die Information aneignen, die sie lernen müssen. Selbst wenn sie auf desorientierende Reize stoßen und sich tatsächlich desorientieren, können sie diesen Zustand schnell beseitigen. Er hindert sie also nicht weiter an genauer Wahrnehmung und am Lernen.

Die Symptome der Legasthenie sind Manifestationen der Desorientierung; die Beseitigung der Desorientierung beseitigt also auch die Symptome. Die Lesefertigkeit der meisten Legastheniker verbessert sich dramatisch, sobald sie diese einfache Technik anzuwenden beginnen. Sie haben vielleicht noch Probleme mit Wörtern, die sie nicht kennen, aber sie sind nun wenigstens imstande, die Wörter zu erkennen, die sie bereits gelernt haben.

Dies klingt nun vielleicht so, als hätten wir das ganze Problem einfach dadurch gelöst, daß wir die Desorientierung in den Griff bekommen. Doch haben wir das eigentliche Problem damit noch gar nicht berührt. Vielmehr haben wir ein zusätzliches Problem geschaffen: Der Legastheniker muß ständig seine Orientierung überprüfen und sie immer wieder erneuern, sobald er merkt, daß er sie verloren hat.

Symbolbeherrschung

Legastheniker müssen lernen, nonverbal mit Auslösewörtern zu denken. Sobald sie das gelernt haben, brauchen sie nicht mehr bewußt gegen die Desorientierung vorzugehen. Die Unfähigkeit, mit Auslösewörtern zu denken, war ja die Ursache der Desorientierung, wie wir bereits gesehen haben. Sobald also Legastheniker mit den Auslösewörtern denken können, verliert die Desorientierung ihre Basis und verschwindet.

Diese Aufgabe konfrontiert den Lehrer mit einer neuen Sorte von Problemen. Die traditionellen Lehrmethoden, die bei uns im Unterricht benutzt werden, kommen der nonverbalen Denkweise nicht entgegen. Legastheniker einfach die im Wörterbuch gebotenen Definitionen von Auslösewörtern wie »der«, »ein« oder »und« lesen zu lassen, das allein wird sie, selbst wenn sie orientiert sind, noch nicht befähigen, mit diesen Wörtern zu denken. Sie werden die Definitionen nur aufsagen wie das Abc-Lied, ohne die Bedeutung der Wörter wirklich zu erfassen.

Legastheniker müssen sich innere Bilder machen, mit denen sie denken können. Sie müssen diese Bilder optisch und akustisch mit den Wörtern in Verbindung bringen, die sie zu lernen versuchen.

Legasthenikern Bilder zu zeigen, die die Bedeutung von Wörtern ausdrücken, wäre sicher eine gute Idee, aber selbst das funktioniert nicht so recht. Es erfordert eine allzu große Anzahl von Wiederholungen. Man müßte ihnen die Bilder tausendmal vorhalten, bevor sie sie in ihr Denken einbauen können. Legastheniker finden mechanische Wiederholung meist schrecklich langweilig, sie werden sich daher eher desorientieren und in ihre eigenen Gedanken und Tagträume verlieren, als daß sie diese Art von Übung ausführen.

Dies ist also offensichtlich ebenfalls eine Sackgasse. Traditionelle Lehrmethoden führen hier zu nichts, sie frustrieren den legasthenischen Schüler nur.

Begriffsbildung

Für nonverbale Denker fehlt oft ein wichtiges Element im Schulwesen: die Kreativität. Der schöpferische Prozeß und der Lernprozeß sind vielleicht nicht dasselbe, aber sie sind so engverknüpft, daß man sie nicht voneinander trennen kann. Wenn es etwas gibt, was Legasthenikern wirklich Spaß macht, dann ist es erfinderisch-schöpferische Tätigkeit.

Lernen sollte Spaß machen. Man lernt leichter, gründlicher und schneller, wenn die Materie interessant und unterhaltsam ist. Wir Menschen machen gern angenehme Erfahrungen, und es fällt uns leicht, uns an sie zu erinnern.

Wenn wir wollen, daß Legastheniker die Bedeutung der Auslösewörter erfassen, dann sollten wir ihnen erlauben, sich persönliche innere Bilder zu *kreieren*, die die Bedeutung genau darstellen. Ihnen Fotos zu zeigen, die die Bedeutung der Auslösewörter darstellen, ist vielleicht besser, als sie mit Definitionen zu füttern, aber solange der Legastheniker nicht wirklich selbst die Bilder erschafft, ist nicht viel gewonnen.

Unser Symbolbeherrschungstraining besteht darin, daß wir Legastheniker dreidimensionale Bilder von der Bedeutung der Wörter oder Symbole herstellen lassen. Sie formen Knetemodelle, die die Bedeutung der Wörter oder Symbole illustrieren, und modellieren dazu auch das geschriebene Wort aus Knete. Bei abstrakten Wörtern wie zum Beispiel Artikeln und Präpositionen nehmen die Modelle die Form von Szenarien an, die die in den Wörtern gemeinten Begriffe oder Beziehungen veranschaulichen. Die Übenden sprechen dann die Wörter laut aus und bilden Sätze mit ihnen. Indem sie auf dem Tisch Bilder der Begriffe aus Knete herstellen und dabei die Wörter aussprechen, erwerben sie die Fähigkeit, sowohl verbal als auch nonverbal mit den Wörtern oder Symbolen zu denken. Das Symbolbeherrschungstraining nach Ronald Davis wird ausführlich im 31. und 33. Kapitel beschrieben.

Sobald Legastheniker durch diese Technik an den Punkt kommen, daß sie alle Wörter beherrschen, die Desorientierung auslösen, haben sie keine Lernbehinderung mehr. Die eigentliche Ursache der Behinderung ist beseitigt, und die zwanghaften Lösungen werden nicht mehr benutzt. Die Verhaltensweisen, die mit den »alten Lösungen« verbunden sind, bestehen noch eine Weile fort, doch im Laufe der Zeit lernt der Legastheniker leichtere und angenehmere Vorgehensweisen kennen. Er wird die alten Lösungen fallenlassen und sich diejenigen zu eigen machen, die besser funktionieren. Diese neuen Lösungen werden nicht zwanghaft sein wie die alten, denn er wird sie bewußt und mit vollem Verständnis einsetzen. Zu diesem Zeitpunkt kann man wirklich sagen, daß seine Legasthenie überwunden ist.

Wie ich das Alphabet lernte

Als Kind war ich Autist. Autismus ist wie eine Superlegasthenie mit weitaus stärkerer Desorientierung, die jedoch nicht wie bei der Legasthenie durch optische, sondern durch akustische Reize ausgelöst wird. Im Alter von zwölf Jahren hatte ich noch immer nicht das Alphabet gelernt. Selbst beim Abc-Lied kam ich nicht über den Buchstaben G *hinaus.*

In der Schule war das Alphabet in großen Lettern über der Tafel angebracht, aber ich konnte die Buchstaben nicht klar erkennen. Sie schienen sich immer auf den Kopf zu stellen, in Spiegelbilder umzukehren oder an einer anderen Stelle aufzutauchen.

Ich hatte jedoch begonnen, mir aus natürlichem Ton, den ich im Garten hinter dem Haus ausgrub, höchst ausführliche Nachahmungen von allen möglichen Dingen zu modellieren. Eines Tages formte ich aus Tonschlangen ein D, *ein* F *und ein* O *und ließ sie zum Trocknen auf der Erde liegen. Am nächsten Tag standen das* D, *das* F *und das* O *ganz klar und ruhig und an der richtigen Stelle in dem Alphabet über der Schultafel. Als ich nach Hause ging und nachschaute, sah ich, daß ich nur einen Fehler gemacht hatte: Mein Ton-*F *war umgekehrt. Die zwei waagerechten Balken zeigten nach links statt nach rechts. Das war leicht zu reparieren, ich drehte den Buchstaben einfach um.*

Am selben Tag hatte ich mir in der Schule die Form von ein paar anderen Buchstaben eingeprägt und machte mich nun daran, sie aus Ton zu modellieren. Jeden Tag fügte ich zwei weitere Buchstaben hinzu, bis ich alle sechsundzwanzig hatte, und zwar in derselben Anordnung wie über der Schultafel. Als ich damit fertig war, kannte ich die Gestalt aller Großbuchstaben und ihre korrekte Reihenfolge.

Dieses Erlebnis sollte mir später helfen, die Symbolbeherrschungstechnik zu entwickeln.

ZWEITER TEIL

Der kleine P. L. – eine Entwicklungstheorie der Legasthenie

»Jedesmal, wenn wir
einem Kind etwas beibringen,
hindern wir es daran,
es selbst zu entdecken.«

Jean Piaget

13
Wie Legasthenie entsteht

Manche Menschen werden offensichtlich mit einer Erbanlage geboren, die sie befähigt, den Teil ihres Gehirns zu gebrauchen, der Wahrnehmungen verändert und erzeugt. Dies allein macht sie noch nicht zu Legasthenikern, es schafft nur die Grundlage, auf der Legasthenie entstehen kann. Diese Theorie erklärt, warum die Legasthenie in bestimmten Familien vorherrscht und warum viele Fachleute sie für erblich halten.

Die Entstehung der Legasthenie ist ein ziemlich komplexer Prozeß, bei dem genaue Zeitpunkte eine entscheidende Rolle spielen. Tatsächlich ist die Entwicklung dieses Syndroms so kompliziert, daß es ein Wunder ist, daß jemand es überhaupt zustande bringt.

Erste Anfänge

Der Legastheniker entwickelt seine Behinderung nicht erst im dritten oder ersten Schuljahr, und auch nicht im Kindergarten. Er fängt viel früher damit an. Er gebraucht das besondere Talent, auf dem die Legasthenie beruht, möglicherweise schon im Alter von drei Monaten.

Nach allem, was ich beobachtet habe, bin ich der Meinung, daß Legastheniker ihre besonderen Fähigkeiten, Fertigkeiten und Schwächen im Alter von drei bis sechs Monaten zu entwickeln beginnen. Wenn das Baby die Gehirnfunktion der Wahrnehmungsverzerrung jedoch schon gebraucht, bevor es drei Monate alt ist, scheint dies zu weit gravierenderen Folgen als der Legasthenie zu führen. Seine Wahrnehmungen sind dann so ungenau, daß der normale Kontakt mit der Umwelt nicht möglich ist. Das Kind müßte dann wahrscheinlich entweder als *autistisch* oder als *geistig zurückgeblieben* bezeichnet werden.

Der potentielle Legastheniker als Kleinkind

Nach Ansicht mancher Psychologen beginnt ein drei Monate altes Baby gerade erst, die Gesichtszüge der Mutter zu erkennen. Das heißt, es kann seine Augen auf einen Gegenstand richten und die zwei Bilder, die die Augen aufnehmen, zu einem einzigen Bild vereinigen. Ohne diese Fähigkeit könnte es gar kein Gesicht sehen. Doch während das dreimonatige Kind sehen kann, hat es doch noch keine Kontrolle über die Nackenmuskeln, die seinen Kopf bewegen. Es sieht also nur, was direkt in seinem Gesichtsfeld auftaucht.

Wir wollen nun die Geschichte eines potentiellen Legasthenikers erzählen, den wir kurz P. L. nennen. Der kleine P. L. ist drei Monate alt und liegt in seinem Kinderbett. Von dort, wo er liegt, kann er nur das Ende eines Schranks sehen und einen Ellbogen, der hinter der Kante herausragt.

Falls er die Gehirnzellen aktiviert, die seine Wahrnehmung verändern, sieht er nicht mehr bloß, was die Augen sehen, sondern noch etwas anderes. Wenn er neugierig genug ist, um wissen zu wollen, wem der Ellbogen gehört, kann er ohne große Anstrengung weitere Merkmale zum Ellbogen hinzufügen und das Gesicht der Person sehen. Wenn er das Gesicht sieht, kann er erkennen, daß es die Person ist, die ihn füttert.

Wir wissen nicht genau, was der kleine P. L. soeben gemacht hat. Es scheint ans Übernatürliche zu grenzen, aber das kommt nur davon, daß wir die Natur des intuitiven Denkens nicht gut verstehen. Vielleicht stellte P. L. eine unterschwellige Verbindung her zwischen dem Arm, den er gerade sah, und dem inneren Bild von dem Gesicht, das er schon früher erblickt hat.

Was er auch immer gemacht hat, der kleine P. L. hat wirklich ein Gesicht gesehen, das genauso real war wie ein Gesicht, das er mit den Augen sehen würde, und er erkannte es als das Gesicht seiner Mutter.

Dieses Talent, das P. L. benutzt, um einen Gegenstand zu erkennen, scheint nie zu versagen. Seine »selbstgemachten« Wahrnehmungen scheinen immer exakt zu sein.

Natürlich gibt es auch eine andere Methode, eine Person an ihrem Ellbogen zu erkennen: analytisches Denken oder Logik. P. L. hat diese bewußte Fertigkeit noch nicht. Kinder entwickeln sie erst, wenn sie drei Jahre alt sind. P. L. hat überhaupt nichts gedacht, er hat keinen Abstraktionsprozeß durchlaufen, er hat nur die Desorientierung *benutzt.*

Der drei Monate alte P. L. erkennt also die Dinge seiner Umgebung, die zu erkennen er eigentlich erst fähig sein soll, wenn er drei Jahre alt ist. Diese Fähigkeit, wirkliche Objekte in seiner Umgebung zu erkennen, wird seine ganze frühkindliche Entwicklung beeinflussen.

Die übrigen Fertigkeiten des kleinen P. L. entwickeln sich vielleicht schneller, vielleicht auch langsamer als normal. Seine Entwicklung wird wahrscheinlich in einigen Bereichen beschleunigt und in anderen verlangsamt verlaufen, beides aufgrund derselben Ursache: seiner Fähigkeit, Teilwahrnehmungen zu vervollständigen.

Der Sehpuffer

Der Psychologe Dr. Stephen Kosslyn von der Harvard-Universität geht davon aus, daß das Sehzentrum des Gehirns einen »Sehpuffer« enthält, der Bilder empfängt und zu den oberen Begriffszentren des Gehirns schickt, wo sie verarbeitet werden. Das Umgekehrte geschieht, wenn Gedanken und gespeicherte Bilder zum Sehpuffer zurückgesandt werden, wo sie als Bilder wahrgenommen werden, die das sogenannte »geistige Auge« erkennt.

Die äußeren und die inneren Bilder können seiner Meinung nach verbunden und verwechselt werden. Ein Beispiel ist die Tatsache, daß Augenzeugen von Unfällen oder Verbrechen oft schildern, was sie zu sehen erwarteten, und nicht, was wirklich vorging.

14

Der Zweijährige und das Kätzchen

Die nächste Entwicklungsstufe des kleinen P. L. beginnt, wenn er etwa zwei Jahre alt ist. P. L. ist nun sehr wißbegierig, »allzu wißbegierig«, sagen seine Eltern. Er steckt seine Nase in alles, was er zu greifen kriegt, durchsucht jeden Winkel seiner Umgebung: jede Schublade, jeden Schrank, jedes Regal, die Putzmittel unter der Spüle, das Innere des Wäschekorbs – alles, was er erreichen kann. Er entleert jede Schachtel und Flasche, die ihm zwischen die Finger gerät, und kostet so ziemlich alles, was herauskommt. Er ist so wach und aufmerksam für alles, was um ihn herum vorgeht, daß seine Eltern nichts Neues ins Haus bringen können, ohne daß er es sofort entdeckt.

Wir möchten nun untersuchen, wie weit die legasthenischen Talente des kleinen P. L. sich entwickelt haben. Wir geben ihm daher eine kleine weiße Katze. Wir bringen sie jedoch nicht zu ihm, sondern legen sie wie ein fest zusammengerolltes weißes Knäuel in die Wohnzimmerecke. Dann lassen wir den kleinen P. L. ins Zimmer kommen. Bereits nach drei Schritten erblickt er den Ball aus Fell. Und kaum, daß er ihn ins Auge faßt, beginnt er zu taumeln, vor und zurück. Weniger als eine Sekunde später ruft er: »Katze!« und läuft schnurstracks auf den flauschigen Ball in der Ecke zu.

Wie kann ein zweijähriges Kind erkennen, daß ein weißer Pelzball ein Kätzchen ist, und nicht ein Häschen oder ein Stofftier? Genauso wie es fast zwei Jahre vorher seine Mutter erkannte.

Sobald seine Augen das Objekt erspähten und er es nicht erkannte, überkam P. L. ein Gefühl der Verwirrung. Dieses Gefühl aktivierte den Teil seines Gehirns, der seine Wahrnehmung verändert. Er verlor einen Moment lang das Gleichgewicht. Im Zimmer wurde es ganz still. Seine innere Uhr stoppte für eine Sekunde. In diesem Augenblick befähigte ihn sein Wahrnehmungstalent, den Ball von allen Seiten anzusehen.

Aber das Kätzchen war doch ganz zusammengerollt. Ein Pelzball ist nur ein Pelzball, wie auch immer man ihn anschaut. Wie konnte er ihn also erkennen?

Wenn der kleine P. L. je gesehen hat, wie etwas sich auseinanderfaltet, zum Beispiel Lebensmittel, die aus der Einkaufstasche hervorkommen, oder ein Geschenk, das ausgepackt wird, dann hat er diesen Vorgang bereits in sein Denken, seine Vorstellungswelt eingebaut. Sobald er also sein Talent benutzte, den Ball aus Fell von allen Seiten anzugucken, begann dieser sich vor seinem inneren Auge zu entrollen. Heraus kam eine Pfote, dann noch eine, dann ein Schwanz, schließlich der Kopf, und P. L. erkannte das Kätzchen.

In diesem Moment verschwand das Gefühl der Verwirrung – und mit ihm die Desorientierung. P. L. fühlte sich wieder im Gleichgewicht, er fiel nicht hin, sondern war nur etwas unsicher auf den Beinen. Im selben Moment hörte er auch wieder, seine innere Uhr ging wieder, und er lief auf das Kätzchen in der Ecke zu.

P. L. hat nichts davon gemerkt, daß sein Gehirn soeben vielleicht 2000 verschiedene Bilder von dem Ball aus Fell angesehen hat, um herauszufinden, um was es sich hier handelt. Es ging viel zu schnell. Das einzige, was P. L. hätte wahrnehmen können, war, daß seine Sicht für den Bruchteil einer Sekunde verschwamm oder er ein Gefühl des Schwebens oder Sinkens verspürte. Er könnte sich auch ein bißchen übel oder schwindlig gefühlt haben. Aber die ganze Episode war so rasch vorbei, daß er sie kaum hat bemerken können.

Im Alter von zwei Jahren benutzt der kleine P. L. automatisch und unbewußt die Desorientierungsfunktion, um Gegenstände seiner Umgebung zu erkennen. Für ihn lohnt es sich, denn dieses Vorgehen scheint immer zu klappen.

15

Der Drei- bis Fünfjährige

Was mit dem drei- bis fünfjährigen P. L. geschieht, wird ihn überdurchschnittlich intelligent machen, gleichzeitig aber auch in ihm die Grundlage für eine mögliche spätere Lernbehinderung schaffen.

Bei normaler Entwicklung beginnt sich die Fähigkeit zu analytischem und logischem Denken im Alter von etwa drei Jahren zu entwickeln. Es ist die Befähigung zum *bewußten* Erkennen von Menschen, deren Ellbogen man sieht, oder von Kätzchen, die wie ein Ball aus Fell aussehen. Kinder, die diese Fähigkeit benötigen, entwickeln sie. Aber der kleine P. L. besitzt schon ein System, das schneller und genauer ist, als es das analytische und logische Denken je sein könnten. Er hat keinerlei Bedürfnis für diese Fertigkeit, entwickelt sie also auch nicht.

Kinder, die eine Fertigkeit im analytischen und logischen Denken benötigen, müssen auch eine Fertigkeit im verbalbegrifflichen Denken entwickeln, denn Analyse und Logik beruhen auf der Sprache. Diese Denkweisen folgen denselben Mustern wie die Satzbildung. Das normale Kind muß also das Sprachzentrum in der linken Gehirnhälfte benutzen.

Dies ist der Grund dafür, daß verbales Denken um ein Vielfaches langsamer ist als nonverbales Denken. Das Sprachzentrum des Gehirns kann notwendigerweise nicht schneller arbeiten als mit der maximalen Geschwindigkeit, die ein Verstehen des Gesprochenen noch zuläßt, nämlich mit einem Tempo von höchstens 250 Wörtern pro Minute oder etwa vier Wörtern pro Sekunde. Dies bedeutet, daß der Denkprozeß des normalen Kindes sich dramatisch verlangsamt, während P. L. nach wie vor mit voller Geschwindigkeit denkt.

P. L. hat natürlich sprechen und gesprochene Sprache verstehen gelernt. Tatsächlich versucht er manchmal so schnell zu sprechen, wie er denkt, aber sein Mund kann nicht mit seinem Denken mithalten. Wenn er etwas sagen will, was ihm wichtig ist, spricht er so schnell, daß die Wörter ineinanderlaufen. Seine Eltern hören dann ein unverständliches Wirrwarr von Lauten.

»Langsam, Schätzchen«, sagt die Mutter, »du sprichst so schnell, daß ich nichts verstehe.« Für P. L., der eine Idee auszudrücken versucht, die er in Bildern sieht, hört sie sich unerträglich langsam an – als spräche sie mit einer Geschwindigkeit von einem ... Wort ... pro ... Sekunde.

Schätzungen, die den Geschwindigkeitsunterschied zwischen verbalem und nonverbalem Denken zu bestimmen suchen, klaffen weit auseinander. Nach den niedrigsten Schätzungen ist das nonverbale Denken etwa 400mal schneller als das verbale Denken, nach den höchsten Schätzungen verläuft es 2000mal schneller. Der reale Wert liegt vermutlich irgendwo dazwischen.

Die Entwicklung des verbalen Denkens (des Denkens mit den Lauten der Sprache) kann bis zu zwei Jahren dauern. Wenn es voll entwickelt ist, wird das verbale Denken zur vorwiegenden Denkweise der meisten Kinder. Normale Kinder haben daher meist im Alter von fünf Jahren mit den Lauten der Wörter zu denken begonnen. Es ist vielleicht eine langsame Denkweise, aber sie erweist sich als sehr nützlich, wenn sie zu lesen beginnen.

Inzwischen hat P. L. eine Menge Wörter und Sätze gehört und gesprochen, aber seine eigenen *Gedanken* hat er nie gehört. Er war viel zu sehr damit beschäftigt, in Bildern zu denken – ein Denken, das so schnell abläuft, daß er es nicht einmal bemerkt hat.

16
Der erste Schultag

Um zu sehen, wie sich das nonverbale Denken auf den kleinen P. L. auswirkt, stellen wir ihn uns nun sechsjährig vor und schicken ihn in die erste Klasse. Es spielt keine Rolle, wie gut er auf diesen Tag vorbereitet ist und wie begeistert er auf ihn gewartet hat. Was er erlebt, versetzt ihn in Panik.

Er befindet sich an einem unbekannten Ort. Eine Frau geht mit einem Stück Kreide an die Tafel, schreibt die Buchstaben *R-O-T* und fragt dann: »Wer weiß, was das ist?« Einige Kinder haben das Wort schon gelernt, aber P. L. weiß es nicht. Selbst als sie dann »Rot« sagen, sieht er keinen Zusammenhang. Die Striche der Buchstaben haben nichts mit seinem inneren Bild der Farbe *Rot* zu tun.

Als er die Striche an der Tafel ansieht und nicht versteht, was sie bedeuten, fühlt er sich verwirrt. In diesem Moment aktiviert die Verwirrung *automatisch* das Gebiet in seinem Gehirn, das seine Wahrnehmung verändert, und im Nu sieht er das Wort in wenigstens vierzig verschiedenen Formen. Er sieht es vorwärts, rückwärts, in beiden Richtungen auf dem Kopf stehend und im Raum schwebend.

Im nächsten Moment – er erkennt das Wort noch immer nicht – fällt es auseinander und fügt sich auf jede beliebige Art und Weise wieder zusammen, genauso wie das Bild der weißen, flaumigen Katze, als er zwei Jahre alt war, nur daß der Trick diesmal nichts bringt.

P. L. merkt nichts davon, daß sein Gehirn all diese widersprüchlichen Daten sammelt. Das einzige, was er vielleicht bemerkt, ist, daß alles, was er erblickt, eine Sekunde lang vor seinen Augen verschwimmt. Möglicherweise fühlt er sich auch ein wenig unwohl oder hat das Gefühl, daß er schwebt oder sinkt. Aber vor allem fühlt er sich verwirrt.

Aufgeschmissen

Zum erstenmal in seinem Leben versagt P. L.s spezielle Erkennungsmethode. Sie versagt nicht nur bei dem Versuch, das Wort zu erkennen und die Verwirrung loszuwerden, sondern sie macht das Wort mindestens vierzigmal verwirrender. Er versucht, das Wort nicht als Symbol zu verstehen, sondern als Gegenstand.

Hätte die Lehrerin mit einem roten Stück Kreide einen roten Fleck auf die Tafel gemalt, hätte er ihn sofort erkannt. Oder hätte sie ihm eine wirkliche Katze gezeigt, hätte P. L. sie im Handumdrehen erkannt, selbst wenn sie zu einem kleinen Fellball zusammengerollt gewesen wäre. Er hätte das schon drei Jahre vorher gekonnt. Aber die Lehrerin zeigte ihm keinen roten Fleck und keine Katze; sie zeigte ihm das Wort *ROT*. Dieselbe Gehirnfunktion, mit der er im Nu den *Gegenstand* erkannt hätte, erzeugte sofort vielfältige legasthenische Veränderungen des *Wortes*, doch diesmal blieb seine Verwirrung.

Anders gesagt: P. L. hat mindestens 40 Daten in seinen inneren Computer gespeichert, 39 davon sind falsch.

Es gibt nur eine Methode, mit der P. L. die richtige Lösung bestimmen kann: den Prozeß der Eliminierung aller falschen Lösungen. Niemand zeigt oder erklärt ihm, wie man das macht, er stößt von allein darauf.

Irgendwann, nachdem er diesen Prozeß zu benutzen begonnen hat, kommt die Lehrerin vorbei und sagt so etwas wie: »Aber P. L., was machst du nur, Lesen ist nicht

Raten. Hier, versuch mal ...« Was P. L. machte, sah genau wie Raten aus, war es aber nicht.

Wenn P. L. schließlich alles tut, was er tun muß, um das Wort »ROT« zu erkennen, hat er mindestens 4000mal mehr Denkakte in seinem Gehirn durchgeführt als seine

Vierzig legasthenische Varianten des Wortes ROT

Mitschüler. Zwar denkt er 400- bis 2000mal schneller als die meisten anderen Kinder. Aber da er es mindestens 4000mal mehr machen muß, sieht es so aus, als wäre er sehr *langsam*.

Null und nichtig

Die Bemerkung der Lehrerin klingt vielleicht harmlos, aber sie ist entscheidend für die Entstehung der Legasthenie. Solange niemand P. L. sagt, daß seine Art und Weise, mit falschen Daten und mit Verwirrung umzugehen, falsch ist, manifestiert er nicht die emotionalen Reaktionen, die mit der Lernbehinderung der Legasthenie verbunden sind.

Wenn seine Methode jedoch im Kindergarten für ungültig erklärt wird, entwickelt er Legasthenie im Kindergarten. Wenn das Verdikt erst im dritten Schuljahr ausgesprochen wird, wird er erst im dritten Schuljahr zum Legastheniker. P. L. versucht zwar zu verstehen, aber er ist sich noch nicht bewußt, daß er anders ist als die anderen Kinder, er verliert noch nicht sein Selbstvertrauen.

Der kleine P. L. ist sich nicht bewußt, daß er die Methode der Ausscheidung oder Eliminierung benutzt. Er weiß nicht, daß er sich von jedem Wort mit drei Buchstaben, das er nicht erkennt, mindestens 39 falsche Bilder macht.

Er weiß nicht, daß der Prozeß, den er benutzt, nämlich falsche Daten auszuscheiden, um die richtige Lösung zu finden, die einzige Methode ist, die ihm zur Verfügung steht. In seinem Alter kennt er den Unterschied zwischen Raten und Fehlermachen nicht. Für ihn sieht es so aus, als mache er Fehler.

Niemand macht gern Fehler. Das ist eine natürliche, menschliche Reaktion. Auch P. L. reagiert so. Er verliert die Fassung. Es dauert nicht lange, bis auch die Lehrerin

»Denken Sie nur, was mir passiert ist! Sie hat eine ganz schlechte Note in Selbstvertrauen bekommen.«

(Zeichnung von Koren; © 1992 The New Yorker Magazine, Inc.)

sich beunruhigt fühlt, bald darauf der Schulleiter, und zuletzt werden die Eltern alarmiert. Schließlich wird jemand den Eltern sagen, P. L. sei in seiner Entwicklung zurückgeblieben oder dergleichen. Ausdrücke wie *»unbegabt«* oder *»schwer von Begriff«* fallen. Die Botschaft ist deutlich.

Sobald P. L. die Fassung darüber verliert, daß er Fehler macht, verliert jeder seinetwegen die Fassung, so daß er immer frustrierter wird. Er ist frustriert, weil diese Wortdinge leicht sein sollen, genauso leicht wie alles andere. Aber das sind sie nicht. Sie sind vielmehr unmöglich.

An diesem Punkt befindet sich P. L. in der emotionalen Bedrängnis, die er braucht, um ein richtiger Legastheniker zu werden.

17

Die »Behinderung«

Im Alter von etwa neun Jahren erreicht die Frustration des jungen P. L. ihren Höhepunkt. Wenn er nicht irgendwie einen Ausweg aus seinem Problem mit Wörtern findet, bleibt er sein Leben lang in der dritten Klasse. Die Schule ist ihm zur Qual geworden, er ist verzweifelt.

P. L. beginnt sein Problem zu lösen. Er entdeckt alle möglichen Tricks und Kniffe. Er fängt an, mechanisch auswendig zu lernen, verbindet Laute mit Melodien und Rhythmen, und – weit schlimmer – er beginnt sich zu konzentrieren. Diese Methoden helfen ihm, irgendwie in der Welt der Wörter zurechtzukommen. Alle freuen sich, daß er ein paar Fortschritte macht. Er versucht endlich, seine Aufgaben zu erledigen. Aber das alles hat wenig mit wirklichem Lernen zu tun, es hat mit lebenslanger Behinderung zu tun, mit Zwangsverhalten. Das Beste, was sich davon sagen läßt, ist, daß er damit irgendwie als »schwacher Schüler« durchkommt, der »sich große Mühe gibt«.

P. L. fängt an, die Techniken zu erfinden, die später seine »alten Lösungen« sein werden. Seine Begrenzung wird damit zur Behinderung. Es ist eine Begrenzung, denn er muß mehrere tausend Denkakte mehr durchführen als seine Mitschüler, nur um Wörter zu erkennen, die aus drei Buchstaben bestehen. Sie wird zur Behinderung, denn er hat keine Kontrolle über seine »alten Lösungen«. Sie haben die Kontrolle über ihn.

Wenn P. L. schließlich in einer Sonderschulklasse landet, lernt er viele zusätzliche Tricks und Kniffe, mehr als dies im gewöhnlichen Unterricht der Fall wäre. Sonderschullehrer haben meist besonderes Talent dafür, ihre eigenen »alten Lösungen« an ihre Schüler weiterzugeben. Dies erweckt den Anschein, die Kinder kämen wenigstens ein bißchen voran. Doch leider untergräbt die Sonderschulklasse das Selbstvertrauen von P. L. nur noch mehr. Die bloße Tatsache, daß er Sonderschüler ist, bestätigt scheinbar über jeden Zweifel hinaus, daß er nicht besonders intelligent ist. In der ersten Klasse gab es nur ein paar Andeutungen in dieser Richtung. Nun ist es bewiesen.

Falls P. L. nicht in eine Sonderschulklasse gesteckt wurde, wird er wahrscheinlich in den ersten Schulklassen ein- oder zweimal ein Jahr wiederholen müssen. Ein oder zwei Jahre älter zu sein als die anderen Kinder, kann er leicht als beschämend empfinden, aber er hat dadurch auch einen Vorsprung in der körperlichen und geistigen Entwicklung in Fächern, in denen Lesen und Schreiben keine wesentliche Rolle spielen, und das gibt ihm vielleicht Vorteile im Sport, in Musik und Kunst, in den Pausen und in außerschulischen Aktivitäten.

Um diesen Mangel auszugleichen und trotz allem eine gewisse Selbstachtung zu finden, entwickelt P. L. verschiedene Interessen, die samt und sonders nichts mit Lesen und Schreiben zu tun haben. Er treibt Sport, zeichnet und malt, spielt ein Musikinstrument oder übt sich im Schauspielern. Vielleicht entdeckt er, daß er ein Talent dafür hat, sich durch auffälliges Verhalten Beachtung zu verschaffen. Er wird also ein Rebell, macht Eltern und Lehrern das Leben schwer und sucht sich auf diese Weise zu behaupten.

In seinen Teenage-Jahren bietet ihm seine Fähigkeit, eine Situation schnell und klar zu erfassen und andere zu motivieren, vielleicht Gelegenheit, die Rolle des Anführers zu spielen, sei es im Klassenverband, im Sport, in einem Job oder in einer Bande.

Es wäre leicht, dem Schulsystem die Schuld am Problem der Legasthenie in die Schuhe zu schieben. Aber wenn man die hier vertretene Theorie zugrunde legt, ist klar, daß der Legastheniker selbst seinen Zustand verursacht. P. L. trägt die Verantwortung für alle Entscheidungen und Handlungen, die die Lernbehinderung hervorgebracht haben. Er selbst hat gelernt, seine Wahrnehmungen zu verändern. Wenn wir diese Verantwortung irgendeinem anderen zuschieben, werden seine Probleme niemals völlig gelöst werden können. Natürlich war er sich seiner Handlungen nicht bewußt, aber das ändert nichts an der Tatsache, daß nur P. L. lernen kann, nicht mehr zu tun, was ihm in Fleisch und Blut übergegangen ist.

Der Legastheniker wächst heran

Klassenzimmer, in denen gelesen und geschrieben wird, sind für P. L. Folterkammern. In Kunst, Musik und Naturwissenschaft bekommt er viel mit, denn der Unterricht basiert hauptsächlich auf mündlicher Erklärung und anschaulichen Beispielen. Doch selbst in seinen Lieblingsfächern erhält er schlechte Noten für seine schriftlichen Arbeiten. Da er von allen Seiten hört, daß Bildung sehr wichtig sei, absolviert P. L. so viel Schule, wie er eben noch aushalten kann. Er verläßt die Schule vielleicht zum frühestmöglichen Zeitpunkt und sucht sich einen Job, in dem er seine ausgezeichnete Begabung für technisch-mechanische Dinge anwenden kann. Falls er sich in seiner Schule durch hervorragende Leistungen in Sport oder in einer der Künste hervortut, bleibt er vielleicht doch länger und geht sogar auf die höhere Schule. Wenn er Glück hat, findet er eine Freundin, die ihm bei seinen schriftlichen Arbeiten hilft.

Später kämpft er sich vielleicht mit derselben Anstrengung durch eine Ausbildung an einer Fachhochschule und beginnt eine kaufmännische Karriere, obwohl seine Schreibschwäche ihn immer noch halbwegs zum Analphabeten macht und ihn in allen schriftlichen Aspekten seiner Berufsarbeit sehr behindert.

Immer noch begabt

Was auch immer P. L. macht, er verliert nicht seine ursprüngliche Begabung, einen Gegenstand oder eine Situation auf den ersten Blick genau zu erfassen. Er fährt fort, die Welt zu beobachten, und entwickelt ein tiefes intuitives Verständnis von den Strukturen und Prozessen, die den Erscheinungen zugrunde liegen. Er besitzt Phantasie und Erfindungskraft. Er ist ein Augenmensch und läßt sich stark von seinem Bewegungssinn leiten. Er kann selbständig denken und schnell reagieren. Er ist ein guter Sportler, Gesprächspartner, Verkäufer oder Geschichtenerzähler. Wenn sein Selbstvertrauen zu tief herabsinkt, kann er zum Soziopathen werden. Aber er wird sich immer einen Rest von Selbstbewußtsein zu erhalten wissen, und sei es – vor allem im emotionalen Bereich – auf Kosten anderer.

Dennoch *hat* er eine geringe Meinung von sich, denn er hat zumindest sein halbes Leben lang hören müssen, wie andere ihn direkt oder indirekt als dumm oder behindert bezeichneten. Er verheimlicht seine Unfähigkeit, normal zu lesen, und erfindet immer neue Tricks und Kniffe, um sich vom System des geschriebenen Wortes nicht unterkriegen zu lassen.

Nebenher nimmt er an Seminaren und Kursen teil, die darauf abzielen, ihn von seiner Behinderung zu »kurieren«

oder ihm wenigstens zu helfen, irgendwie mit ihr fertig zu werden. Einige davon sind von Nutzen, andere legen ihm weitere zwanghafte Lösungen in Form von antrainierten Verhaltensweisen nahe, in wieder anderen lernt er Dinge, die nichts mit Lesen oder Schreiben zu tun haben. Höchstwahrscheinlich wird er aber vor allem lernen, das, was er schon kann, noch besser zu machen und dem aus dem Wege zu gehen, was er nicht kann. Wenn er einen Job hat, der erfordert, daß er schriftliche Berichte abliefert, wird er jemanden finden, der das für ihn macht.

Eines Tages entdeckt er vielleicht, daß er Talent für eine der bildenden Künste hat, zum Beispiel für die Bildhauerei. Da er sich die Figur, die er gestalten will, ganz plastisch vorstellen kann, fällt ihm diese Arbeit geradezu in den Schoß. Wenn er eine Büste herstellen will, braucht er nur sein inneres Bild vom Kopf der Person in den Holzklotz oder Tonklumpen zu projizieren und das überflüssige Material ringsum zu entfernen. Oder er kann das Bild des Kopfes auf einen Tisch projizieren und es mit Material ausfüllen, als wenn es eine unsichtbare hohle Form wäre.

Dieses letzte Beispiel stammt aus meinem eigenen Leben. Genaugenommen sind viele der Erfahrungen des kleinen P. L. in Wirklichkeit die von R. D. – Ronald Davis.

Eine Entdeckung

1980 hatte ich einen Glückstag. Ich entdeckte, wie ich die gravierenden Wahrnehmungsverzerrungen beseitigen konnte, mit denen ich mich 38 Jahre lang täglich herumgeschlagen hatte.

Ich arbeitete als Bildhauer. Eines Tages erhielt ich einen Brief, in dem ein anderer Künstler mich nach der Technik befragte, mit der ich meine Skulpturen machte. Sein Brief war so voll von Lob, daß ich mich auf die mühsame Aufgabe einließ, ihm eine Antwort zu schreiben. Als ich meine Gedanken etliche Stunden später sorgfältig zu Papier gebracht hatte, entdeckte ich, daß das Geschriebene völlig unleserlich war, ein bloßer Haufen sinnloser Kritzeleien, die niemand entziffern konnte.

Einige Monate später fiel mir ein, daß ich mich während des Schreibens ganz in meinen schöpferischen Prozeß vertieft hatte, und ich fragte mich, ob dies vielleicht der Grund dafür hätte sein können, daß meine Legasthenie in dieser Situation eine so drastische Form annahm.

Der Ingenieur in mir begann zu spekulieren: Wenn eine Maschine defekt ist, funktioniert sie nicht mehr richtig, aber die Störung ist immer von derselben Art und Stärke. Wenn also der Grad meiner Legasthenie von meiner inneren Aktivität abhängt, dann kann das Problem unmöglich anatomischer Art sein, es muß funktionaler Art sein. Es muß also etwas in meinem geistigen Funktionieren geben, was ich falsch mache, was ich aber berichtigen kann und womit ich meiner Legasthenie die Grundlage entziehe. Dies war der erste Schritt, den ich als Forscher auf dem Gebiet der Lernbehinderungen tat.

Drei Tage später gelang es mir, die Verzerrungen meiner Wahrnehmung zu beseitigen. Ich lieh mir Robert

Louis Stevensons »Schatzinsel« *aus der Bibliothek aus und las zum erstenmal in meinem Leben ein ganzes Buch von vorn bis hinten durch, und es dauerte nur ein paar Stunden.*

Seitdem arbeite ich ständig an Techniken zur Überwindung von Lernbehinderungen, die alle auf dieser Entdeckung beruhen. Ich habe das Vergnügen, mehr als tausend legasthenischen Kindern und Erwachsenen gezeigt zu haben, wie man Wörter – und die Welt – zum Stillhalten bringt.

DRITTER TEIL

Das Talent

Der intuitive Winzer

Mark war acht Jahre alt, als er ins Reading Research Council kam. Er hatte mit Ach und Krach die zweite Klasse überstanden, obwohl er seiner Leistung nach kaum ein Erstkläßler war. Seine Lehrer hatten geraten, ihn auf neurologische Defekte untersuchen zu lassen. Seine Mutter hielt das für sinnlos. Er schnitt zwar in der Schule schlecht ab, aber sie wußte, daß er vielseitig begabt war.

Marks Eltern gehörten einer alten Winzerfamilie an. Seit er vier Jahre alt war, nahm sein Großvater ihn mit in die Weinberge und Kellereien. Die Kunst und Wissenschaft der Weinherstellung waren für Mark ein Spiel. Als er sechs Jahre alt war, wußte er, wann es Zeit war, die Trauben zu ernten und zu keltern. Er wußte einfach, wann der Zuckergehalt richtig oder die Säure in der Schale zu hoch war. Er wußte, wann die Fermentation beendet war, wann der Wein von den Tonnen in die Fässer und von den Fässern in die Flaschen gefüllt werden mußte. Wenn man ihn fragte, woher er das wisse, deutete er nur auf seinen Kopf. Sein Urgroßvater hatte dasselbe Fingerspitzengefühl für die Trauben gehabt, um das ihn jeder Winzer beneidete.

Als Marks Mutter in der lokalen Zeitung einen Bericht über unsere Arbeit las, war sie von der Liste der Symptome gefesselt, die ich dem Reporter gegeben hatte. Eines dieser Symptome war die Intuition, die Legastheniker befähigt, etwas zu wissen, ohne eine Ahnung davon zu haben, wie oder warum sie es wissen.

Sie erzählt: »Die Symptome, die in dem Artikel beschrieben werden, stimmen mit vielen Eigenschaften überein, die ich an Mark beobachtet habe, als er klein war. Er hat selten geweint. Er konnte gehen, bevor er krabbelte. Er begann viel früher zu reden als die Kinder meiner Freundinnen. Er konnte sich genau an alle möglichen Familienereignisse erinnern, selbst an die, die sich zutrugen, als er noch ganz klein war. Aber er hatte große Mühe, das Alphabet aufzusagen oder seinen eigenen Namen zu schreiben. Ich hatte zuvor noch nie eine solche Beschreibung der Legasthenie gelesen, aber was meinen Sohn angeht, trifft sie hundertprozentig zu. Ich habe nie gedacht, daß Marks besondere Fähigkeiten und seine Lernprobleme etwas miteinander zu tun haben könnten.«

18

Worin besteht das Talent?

Keine zwei Legastheniker haben die gleichen Behinderungen, und ebenso hat jeder Legastheniker verschiedene Talente. Es gibt jedoch allgemeine Züge, die alle Legastheniker teilen.

Wie der negative Aspekt, so ist auch das Talent der Legasthenie entwicklungsbedingt. Es wird vom Legastheniker hervorgebracht, und es wächst und verändert sich. Oft kommt es erst voll zur Entfaltung, wenn der Legastheniker die Schule bereits ein paar Jahre hinter sich hat. Die dazwischenliegenden Jahre sind möglicherweise eine Zeit der Erholung.

Das Talent der Legasthenie, das schließlich in Erscheinung tritt, ist die Gabe der *Meisterschaft*, der *Beherrschung* einer Materie. Dem Durchschnittsmenschen ist unverständlich, wieso der Legastheniker fähig ist, so viele Fertigkeiten so schnell zu beherrschen.

Die Gabe der Meisterschaft ist die Summe der verschiedenen grundlegenden Fähigkeiten der einzelnen Person. Sie beginnt mit dem nonverbalen Denken.

Bildhaftes Denken

Die charakteristische Denkweise des Legasthenikers ist das nonverbale Denken in Bildern, das mit einer Geschwindigkeit von 32 Bildern pro Sekunde abläuft. Der verbale Denker denkt etwa zwei bis fünf Wörter in der Sekunde, die Begriffe darstellen, der nonverbale Denker denkt also um das Sechs- bis Zehnfache schneller.

Ein altes Sprichwort lautet: »Ein Bild sagt mehr als tausend Worte.« Ein bildhafter Denker kann ein einzelnes Bild von einem Begriff denken, das sich nur mit Hunderten oder Tausenden von Wörtern beschreiben läßt. EINSTEINS Relativitätstheorie kam zu ihm in einem *Tagtraum*, in dem er sich an einem Lichtstrahl entlangfliegen sah. Seine Vision dauerte nur ein paar Sekunden, zog aber eine Unmenge von Büchern nach sich, die alle versuchen, sie zu erklären. Für Einstein war sie ein einfacher Begriff, für den gewöhnlichen Menschen ist sie unfaßbar.

Bildhaftes Denken wird meist als 400- bis 2000mal schneller eingeschätzt. Die Geschwindigkeit variiert offenbar mit der Komplexität der einzelnen Bilder. Aber der Unterschied im Tempo ist nicht das einzige. Bildhaftes Denken ist tiefer, gründlicher, umfassender.

Verbales Denken verläuft geradlinig in der Zeit. Es besteht aus Sätzen, in denen ein Wort dem anderen folgt. Bildhaftes Denken ist evolutionär. Das Bild wächst, indem der Denkvorgang immer mehr Unterbegriffe zum Gesamtbegriff hinzufügt.

Die Tiefe und Gründlichkeit bildhafter Gedanken entsprechen der Genauigkeit, mit der die Bilder die Bedeutungen der Wörter wiedergeben, mit denen man diese Gedanken vielleicht verbal beschreiben könnte.

Man könnte sagen, daß bildhafte Gedanken *Substanz* haben, während verbale Gedanken *bedeutungstragende Laute* sind.

Intuition

Der einzige Nachteil des bildhaften Denkens ist der, daß der bildhafte Denker sich der einzelnen Bilder nicht bewußt ist, während sie ablaufen. Es geschieht zu schnell. Die *Bewußtseinsspanne* ist der Zeitraum, in dem man einen Gegenstand bewußt wahrnimmt. Bei uns Menschen dauert diese Zeitspanne ziemlich regelmäßig eine 25stel Sekunde. Mit anderen Worten: Ein Reiz muß wenigstens den 25sten Teil einer Sekunde anhalten, um vom Bewußtsein wahrgenommen zu werden.

Wenn also ein Reiz eine 25stel Sekunde oder etwas länger anhält, nehmen wir ihn bewußt wahr. Wir können das als *Erkennung* bezeichnen. Wenn ein Reiz kürzer als ein 25stel, aber wenigstens ein 36stel einer Sekunde anhält, fällt er in die Kategorie des *Unterschwelligen*. Unser Gehirn empfängt ihn, aber wir nehmen nicht wahr, was es empfangen hat. Falls der Reiz ein Teil eines zusammenhängenden Ganzen ist, verschmilzt er mit den Bildern, die vorausgehen oder nachfolgen. Wenn ein Reiz weniger als eine 36stel Sekunde anhält, nehmen wir ihn nicht einmal unterschwellig wahr. Er huscht zu schnell vorbei.

Bildhaftes Denken scheint ziemlich beständig mit einer Häufigkeit von 32 Bildern pro Sekunde oder der Geschwindigkeit einer 32stel Sekunde abzulaufen, also mit derselben Geschwindigkeit wie die Flimmerverschmelzungsfrequenz oder die Verschluß- oder Belichtungszeit des Auges.

Dies ist etwas schneller als die Bewußtseinsspanne, die, wie gesagt, eine 25stel Sekunde beträgt, aber langsamer als die unterschwellige Wahrnehmung, deren Grenze bei einer 36stel Sekunde liegt. Das bildhafte Denken fällt also in den Bereich der unterschwelligen Wahrnehmung.

Die Bewußtseinsspanne

Fernsehsendungen gehen mit einer Geschwindigkeit von 30 Bildern pro Sekunde über den Bildschirm, schnell genug, um unseren Augen den Eindruck fließender Bewegung vorzugaukeln. Moderne Kinofilme projizieren 24 Bilder in der Sekunde auf die Leinwand und betrügen unsere Augen meist ebenso erfolgreich.

Aber gelegentlich sieht es so aus, als wenn die Speichenräder einer Kutsche sich rückwärts drehten. Alte Stummfilme, die mit einer Geschwindigkeit von 16 Bildern pro Sekunde aufgenommen wurden, haben etwas Ruckartiges an sich. Unser Gehirn nimmt die Sprünge zwischen den einzelnen Bildern noch wahr.

Der Gedanke taucht im Gehirn auf, aber der Vorgang selbst bleibt unbemerkt, unbewußt. Jetzt können wir auch verstehen, was *Intuition* ist, denn bildhaftes Denken und intuitives Denken sind dasselbe. Man nimmt das Produkt des Denkprozesses wahr, aber nicht seinen Ablauf. Man weiß die Antwort, ohne zu wissen, warum.

Viele Legastheniker finden eine Möglichkeit, wie sie den unterschwelligen Denkprozeß ins Bewußtsein heben können. Wenn sie an etwas Interessantes denken, können sie sich desorientieren und so in den Gegenstand vertiefen, daß sie die einzelnen Bilder betrachten können, die eins nach dem anderen auftauchen. Man nennt das Tagträumen. Eltern und Lehrer reagieren leider meist mit Tadel, wenn sie das legasthenische Kind tagträumen sehen. Es wäre besser, sie würden es bei jeder Gelegenheit dazu ermuntern.

Tagträumen ist die Basis des Genies, wie Einstein und andere immer wieder bewiesen haben.

Vielschichtiges Denken

Desorientierung fügt eine weitere Dimension zum Denkprozeß hinzu. Das Denken verläuft nun nicht nur unterschwellig oder in Bildern. Es bedient sich aller Sinne und wird damit vielschichtig.

Im Zustand der Desorientierung sehen wir nicht mehr, was unsere Augen sehen; wir sehen, was wir glauben, mit den Augen zu sehen. Wir hören nicht mehr, was die Ohren hören; wir hören, was wir glauben, mit den Ohren zu hören. Wir fühlen nicht mehr, was der Tastsinn fühlt; wir fühlen, was wir glauben zu ertasten, und so weiter.

Ein Aspekt des vielschichtigen Denkens ist die Fähigkeit, Gedanken als reale Vorgänge zu erleben.

Die Realität ist das, was wir erleben, und die Desorientierung verändert die Wahrnehmung. Unsere Gedanken werden zu unseren Wahrnehmungen, zu unserer *Realität*.

Ein schöpferischer Prozeß

Wir Deutsche sagen: »Not macht erfinderisch.« Dem entspricht das englische Sprichwort: »Not ist die Mutter der Erfindung.« Wenn das stimmt, dann muß das vielschichtige Denken der Vater der Erfindung sein. Diese Vorstellung hilft uns verstehen, wie Leonardo da Vinci 300 Jahre vor der Erfindung der erforderlichen Wasserpumpe die Idee eines Unterseeboots und 400 Jahre vor der Erfindung eines passenden Motors die Idee eines Hubschraubers entwickeln konnte. Es ist kaum zu bezweifeln, daß Leonardo die Erfahrung des Fliegens und der Unterwasserreise kannte, lange bevor diese Erfahrungen physische Realitäten wurden. Sein Talent vielschichtiger Wahrnehmung befähigte ihn, seine Gedanken als Realitäten zu erfahren und für jedermann in seinen Zeichnungen sichtbar zu machen. Aber natürlich gab es auch damals Leute, die seine Ideen für verrückt hielten.

Wenn wir uns der Schattenseite des Lebens zuwenden, können wir nun vielleicht besser verstehen, warum es in psychiatrischen Heilanstalten viele Insassen gibt, die völlig überzeugt sind, sie seien Jesus oder Napoleon. Sie können offenbar nicht zwischen ihrer Vorstellung und der physischen Realität unterscheiden.

Leonardo da Vinci hatte die Vorstellung einer Maschine, mit der der Mensch aus eigener Kraft fliegen könnte. Er verlieh ihr in seiner berühmten »Helikopter«-Skizze bildhaften Ausdruck und fügte eine kurze Beschreibung in der »spiegelbildlichen« Handschrift bei, die er oft in seinen Notizbüchern benutzte.

19
Wißbegier

Bereits im Alter von drei Monaten beginnen Legastheniker die Desorientierung zu benutzen, um Gegenstände in ihrer Umgebung zu erkennen. Diese Fähigkeit ist sehr genau, sie scheint nie fehlzugehen. Wenn Legastheniker zwei Jahre alt werden, wird ihre Desorientierung bereits automatisch gesteuert; sie tritt jedesmal auf, wenn sie in Verwirrung geraten.

Die Fähigkeit, schon in so frühem Alter alle möglichen Gegenstände klar zu erfassen, macht Legastheniker zu Menschen, die sich ihrer Umgebung sehr bewußt sind und deshalb schon als Kleinkinder in alles ihre Nase hineinstecken. Ihr Bewegungstrieb ist sehr stark ausgeprägt. Es ist normal, daß sie mehrere Monate früher zu gehen beginnen, als dies nach der Fachliteratur zu erwarten ist. Eltern von Legasthenikern zerbrechen sich oft den Kopf darüber, wie sie ihr Kind bändigen können.

Die erschrockene und wütende Reaktion einer Mutter, die ihr zweijähriges Kind gerade dabei ertappt hat, wie es in der Küche unter der Spüle sämtliche Dosen und Flaschen entleert, ist verständlich. Es ist ein gefährliches Spiel. Wer weiß, was das Kind nicht schon alles in den Mund genommen oder sogar verschluckt hat?

Die Mutter muß dem Kind dieses Verhalten verbieten. Jedoch kann man nicht erwarten, daß ein Kind dieses Alters auf logische Argumente reagiert. Es zu bestrafen oder durch irgendwelche sonstigen Maßnahmen zu zwingen, sein Verhalten zu ändern, ist auch keine Lösung, denn das Kind wird von einem Drang getrieben, der viel zu stark ist, als daß er durch solche Methoden unterdrückt werden

Das Krabbeltraining

Eine der seltsamsten Behandlungsmethoden für Legastheniker stammt aus den fünfziger Jahren. Sie entsprang der Beobachtung, daß Kinder, die später Legastheniker wurden, oft zu gehen begannen, bevor sie krabbelten. Die Behandlung bestand darin, daß man die Legastheniker auf dem Boden herumkrabbeln ließ, bis die Legasthenie verschwand. Natürlich klappte das nicht. Nichtsdestoweniger wurde die Krabbeltherapie in viele Behandlungsprogramme für Legastheniker aufgenommen, und sie wird in einigen noch heute angewandt.

könnte. Und wenn wir wirklich verstehen würden, was das Kind tut, würden wir ohnehin gar kein Interesse daran haben, es zu gängeln. Sicherheitsvorkehrungen aller Art in der Küche und überall sonst im Haus zu treffen wäre daher eine bessere Lösung.

Das legasthenische Kind macht das alles nicht, um die Eltern zu ärgern. Es reagiert auf einen Trieb, der eines Tages ein Teil seines legasthenischen Talents sein wird.

Der Trieb, der sich hier zu zeigen begonnen hat, ist die *Wißbegier*. Sie ist stärker als die Schwerkraft. Wenn es nicht so wäre, gäbe es keine Flugzeuge. Wißbegier ist von größerer Bedeutung als Wissen, sie ist die Wurzel des Wissens. Ohne sie entstünde kein Wissen.

Wichtiger noch: Wißbegier ist die dynamische Wurzel aller Kreativität. Ohne Kreativität würde der Mensch noch in Höhlen wohnen.

20
Kreativität

Die Kreativität ist das, was dem Menschen einen höheren Rang zuweist als den anderen Lebewesen. In der Bibel heißt es, Gott habe den Menschen nach seinem Bilde geschaffen. Wenn das so ist, dann muß der Mensch nach dem Bilde Gottes kreativ sein.

Im Legastheniker ist der schöpferische Impuls besonders stark lebendig. Sein *bildhaftes*, *intuitives*, *vielschichtiges Denken* und seine *Wißbegier* sind die Talente, die das kreative Potential des Legasthenikers so beträchtlich erhöhen.

Die Kreativität macht es möglich, daß wir uns Dinge vorstellen können, die es gar nicht gibt. Von solchen Vorstellungen ausgehend, können wir neue Dinge ins Dasein rufen. Alle originellen Ideen entspringen dem schöpferischen Prozeß.

Bei Kreativität denken wir an Erfindung und Neugestaltung. Das stimmt sicher, aber in einem grundlegenderen Sinne ist Kreativität das Mittel, wodurch wahres Lernen zustande kommt.

Training oder Gewöhnung ist eine sehr primitive Form des Lernens. Wenn wir einen Hund trainieren, gewisse Tricks auszuführen, gewöhnen wir ihn durch Belohnung und Bestrafung daran, in der gewünschten Weise zu handeln. Auch der Mensch kann auf diese Weise trainiert werden, aber die Prozedur ist viel schwieriger und mißlingt oft.

Aufgrund der Kreativität findet menschliches Lernen auf einem viel höheren Niveau statt. Der Akt des Denkens ist eine Funktion der Kreativität. Logik ist ein Produkt der Kreativität. Denken und Logik sind die Grundlage des Lernens. Wenn das Kind ohne Schirm in den Regen hinausgeht und naß wird, dann wird ihm durch sein Denken klar, daß es bei Regen den Schirm benutzen sollte. Es *lernt*, den Schirm zu benutzen.

Im 15. Kapitel habe ich darauf hingewiesen, daß legasthenische Kinder oft ihr Denken und ihre Logik noch nicht entwickelt haben, wenn sie in die Schule kommen. Was sie entwickelt haben, ist eine Variante dieses Denkens, die vom Modell des linearen, verbalen Denkens abweicht. Ihr analytisches Denken und ihre Logik verwenden Bilder statt Wörter, sie beruhen auf dem Vergleich. Diese Methode ist vielleicht sehr nützlich, wenn es darum geht, die Spiralstruktur der DNS zu durchschauen, aber sie nützt einem vielleicht gar nichts, wenn man in der fünften Klasse eine mathematische Textaufgabe zu lösen versucht.

Manchmal können Legastheniker wie autistische »Genies« die Lösungen von Rechenaufgaben einfach »sehen«, ohne sie schriftlich vor sich zu haben und auszurechnen. Dies ist eigentlich eine hochentwickelte Form von Denken. Es spielt keine Rolle, ob sie dabei die konventionellen Schritte durchlaufen oder nicht. Bei näherer Betrachtung zeigt sich, daß sie brillante Abkürzungen oder Schnellverfahren entwickelt haben.

Zwar sind der schöpferische Prozeß und der Lernprozeß nicht identisch, aber sie sind doch untrennbar miteinander verknüpft.

Wenn wir davon ausgehen, daß der Legastheniker von Natur aus kreativer ist als der Durchschnittsmensch, dann sollte er auch fähig sein, in kürzerer Zeit mehr zu *lernen*. Das stimmt in der Theorie, aber Lehrer und Eltern haben einen anderen Eindruck.

Der wahrscheinliche Grund dafür ist, daß der Unterricht größtenteils eine Form von einfachem *Training* ist. Das Kind wird gelehrt, eine Reihe mechanischer Schritte zu durchlaufen, um zu einer Lösung zu kommen, in der es keinen persönlichen Nutzen sieht.

Die Legasthenie sollte nicht als Lernbehinderung bezeichnet werden. Es wäre weitaus passender, sie einen *Trainingsfehler* zu nennen.

Im praktischen Leben – zum Beispiel in der praktischen Berufsausbildung, im Sport und in der Kunst – lernen Legastheniker meist in kürzerer Zeit weit mehr als gewöhnliche Menschen. Wo es um Lernen auf der Basis unmittelbarer Erfahrung geht, beherrschen Legastheniker oft viele Fertigkeiten schneller, als der Durchschnittsmensch sie auch nur begreifen kann.

Punkte in der Luft

Bis zum Alter von dreizehn Jahren war ich so häufig und anhaltend desorientiert, daß man mich für zurückgeblieben hielt. Heute würde man meine damalige Verfassung als Autismus bezeichnen. Ich habe daher nur ganz wenige Kindheitserinnerungen, die auf wirklichen Begebenheiten beruhen. Aber ich bezweifle nicht, daß die folgende Geschichte, die meine Mutter mir erzählt hat, sich auch wirklich zugetragen hat.

Als ich in der vierten Klasse war, hatte ich einen Mathematiklehrer, der immer wieder darüber verdutzt war, daß ich einfache Rechenaufgaben nicht lösen konnte, zu komplexen algebraischen Gleichungen aber sofort die Lösung fand. Eines Tages sprach er darüber in der Schule mit meiner Mutter und fragte mich: »Wenn x eins ist und y sieben, was ist dann zweimal y minus x?«

Ich antwortete sofort: »Dreizehn!« Als er mich fragte, wie ich zu der Lösung gekommen sei, sagte ich: »Ich habe sie gesehen.« Als er mich fragte, wie sie ausgesehen habe, berührte ich zwei Punkte in der Luft und dann drei weitere Punkte darunter.

Der Lehrer sagte, er habe von seltsamen Genies gehört, die solche Sachen könnten.

»Sie meinen wohl verrückte Genies!« entgegnete meine Mutter entrüstet. Sie las dem Lehrer gründlich die Leviten dafür, daß er mich als verrückt einstufte, packte mich am Arm und marschierte mit mir aus der Schule. Anschließend wurde ich von diesem Unterricht befreit und durfte erst in der neunten Klasse wieder am Mathematikunterricht teilnehmen. Es war eine Algebraklasse.

In dieser Klasse löste ich jede Aufgabe, die im Buch stand, jede Aufgabe, die der Lehrer an die Tafel schrieb, und jede Aufgabe, die in einem Test gestellt wurde. Trotzdem bekam ich ein »Mangelhaft«. Die Begründung des Lehrers: »Der Zweck der Klasse besteht nicht darin, die fertigen Lösungen parat zu haben, er besteht darin zu lernen, wie man die Probleme angeht.« Von Problemen hatte ich nichts mitbekommen. Ich hatte nur die Antworten aufgeschrieben.

21
Die Gabe der Meisterschaft

Das Talent der Legasthenie ist die Gabe der Meisterschaft.

Wenn jemand etwas völlig beherrscht, dann hat er es so gründlich gelernt, daß er es einsetzen kann, ohne einen Gedanken daran zu verschwenden. Etwas zu beherrschen, das ist *wahres* Lernen. Wenn der schöpferische Prozeß und der Lernprozeß gleichzusetzen sind, dann hat jemand, der etwas beherrscht, das erforderliche Wissen selbst *hervorgebracht*.

Alles wirkliche Wissen beruht auf Erfahrung. Daten auswendig zu lernen ist nicht dasselbe, wie Daten zu verstehen. Und Daten zu verstehen ist noch lange nicht dasselbe wie echtes Wissen, wirkliche Kenntnis.

Wenn jemand eine Erfahrung macht, dann besitzt er das Wissen oder die Kenntnis dieser Erfahrung. Wenn er dieses Wissen in einem Buch niederschreiben will, muß er das Wissen in Daten verwandeln. Wenn ein anderer das Buch liest, erhält er nicht das Wissen, sondern nur die Daten. Wenn er die Daten versteht, begreift er das Wissen nur begrifflich. Wenn er das *wirkliche* Wissen erlangen will, muß er selbst die Erfahrung machen, die der Autor hatte.

Wenn jemand radfahren lernen will, kann er sich ein paar Bücher über das Radfahren beschaffen. Wenn er die in den Büchern vermittelten Daten studiert hat, kann er die Prinzipien des Radfahrens vielleicht *verstehen*. Falls er irrtümlich glaubt, er könne nun radfahren, und es versucht, wird er bald den Unterschied zwischen *verstehen*, wie man radfährt, und *wissen*, wie man radfährt, entdecken.

Erst wenn er auf dem Fahrrad sitzt, eröffnet sich für ihn die Erfahrung, die durch echtes Radfahren erzeugt wird. Indem er das Radfahren erzeugt, lernt er es. Anfangs muß er viel probieren und denken und sich an vieles erinnern. Indem er die eigentlichen Erfahrungen macht, muß er sich nicht mehr so bewußt anstrengen. Wenn er schließlich ohne alles Probieren, Denken und Erinnern ganz automatisch fahren kann, hat er die Meisterschaft im Radfahren erlangt.

Bei einfachen Fertigkeiten wie dem Radfahren oder Auto fahren ist dies leicht zu begreifen, aber wenn man eine Sprache lernt oder lesen oder rechnen lernt, ist es nicht so offensichtlich. Das Prinzip ist jedoch dasselbe.

Wenn Legastheniker dieses Prinzip beim Erlernen einer Sprache oder der Mathematik anwenden, *lernen* sie diese Fertigkeiten nicht nur, sie erlangen die Meisterschaft in ihnen. Die Symbolbeherrschungsmethode nach RONALD DAVIS ist ein Prozeß, mit dem Legastheniker dieses Prinzip auf alles anwenden können, was sie lernen wollen.

Meisterschaft bedeutet nicht nur *schnelles* Lernen. Sie ist ein Grad des Lernens, bei dem bewußtes Denken nicht mehr erforderlich ist. Man ist zur Meisterschaft gelangt, wenn man sich die Daten, die man als reale Erfahrung gelernt hat, ganz und gar zu eigen gemacht hat. Wenn man die Meisterschaft in einer Materie erlangt hat, braucht man sich keine Sorgen darum zu machen, ob man sie auch behält – es ist eher unmöglich, daß man sie vergißt.

Wenn jemand in einer Sache zur Meisterschaft gelangt ist, wird sie zu einem Teil seiner selbst. Sie wird zum integralen Teil seines Denkens und Schaffens. Sie bereichert all sein späteres Denken und Schaffen um die wesentliche Qualität dieses Gegenstandes.

VIERTER TEIL

Die Beratungsmethode

Die *Orientierung* beseitigt
Behinderungen in der Wahrnehmung.

Die *Symbolbeherrschung* beseitigt
Behinderungen im Lernen.

Die praktische Arbeit mit dem vierten Teil wird den Betroffenen durch die Verwendungen des *Hörbuchs* (siehe Geleitwort, Seite 7 unten) erleichtert. Das gilt ganz besonders für die Kapitel 26 bis 30.

22
Wie erkennt man Legasthenie ?

Wie bekommen Sie heraus, ob Sie Legastheniker sind oder ob vielleicht ein Freund oder Verwandter es ist? Dies scheint eine einfache, logische Frage zu sein, die ebenso leicht und logisch zu beantworten sein sollte. Aber das ist nicht der Fall. Wenn Sie einen Augenblick über das nachdenken, was Sie bereits über die Legasthenie gelesen haben, dann wird Ihnen klar sein, warum die Diagnose so schwierig ist.

Nur Symptome, kein Krankheitsbild

Die traditionelle Form der Diagnose besteht darin, daß man jemanden untersucht und die Ergebnisse entweder symptomatologisch oder pathologisch auswertet.

Wenn man symptomatologisch vorgeht, das heißt die Symptome untersucht, gerät man in Schwierigkeiten. Denn erstens gibt es keine zwei Legastheniker, die dieselben Symptome aufweisen. Solange es keine vollständige Liste aller Symptome von allen Legasthenikern gibt, wissen wir nicht einmal, was alles dazugehört. Und zweitens können alle bekannten Symptome der Legasthenie auch auf andere Ursachen zurückgehen, zum Beispiel auf physische Gebrechen wie etwa Augen- oder Innenohrbeschwerden.

Die Pathologie, die Lehre von den Krankheiten, untersucht die organisch-anatomischen Veränderungen, die durch die Krankheit hervorgerufen werden. Das große Problem hier ist, daß die Legasthenie keine physische Krankheit, sondern eine vom Legastheniker erzeugte geistige Funktionsweise ist.

Mit zunehmender Verfeinerung der diagnostischen Geräte, mit denen man vor allem das Körperinnere untersuchen kann, wird man irgendwann vielleicht Anomalien im Gehirn entdecken, zum Beispiel eine etwas vergrößerte Zirbeldrüse und eine größere Zahl großer Nervenzellen, die ein etwas dickeres *Corpus callosum* zur Folge haben. Aber da die Legasthenie ein Entwicklungsprozeß ist, würden diese Anomalien dadurch zustande kommen, daß der Legastheniker sein Gehirn anders gebraucht und sein Gehirn sich folglich etwas anders entwickelt. Man kann daher nicht sagen, diese Anomalien seien die Ursache der Legasthenie.

Dieser hypothetische Unterschied zwischen dem Gehirn des Legasthenikers und dem des Nichtlegasthenikers würde zudem nicht nur bei denen zu beobachten sein, die die Lernbehinderung entwickelt haben, sondern ebenso bei allen, die das Talent der Legasthenie besitzen.

Es gibt also keine eindeutige diagnostische Untersuchungsmethode für die Legasthenie. Dies ist vielleicht der Grund, warum manche Psychologen und Erzieher wie selbstverständlich behaupten, es gäbe die Legasthenie gar nicht. Aber es gibt sie.

Schauen wir uns die Struktur oder Anatomie der Lernbehinderung an, die als Legasthenie bezeichnet wird. Sie nimmt offensichtlich den nachfolgend dargestellten Entwicklungsverlauf:

1. *Ein Reiz tritt auf, der nicht erkannt wird.*
   Er könnte ein (geschriebenes oder gesprochenes) Wort, ein Symbol oder ein Gegenstand sein.

2. *Dies schafft Verwirrung, und die Verwirrung ruft Desorientierung hervor.*
   Der Verwirrte benutzt die Desorientierung, um den Reiz geistig von verschiedenen Standpunkten aus zu untersuchen und ihn dadurch zu erkennen. Dies gelingt bei Gegenständen, aber nicht bei der Sprache, denn diese besteht aus phonischen (lautlich-stimmlichen) oder geschriebenen Symbolen, die für Ideen und Begriffe stehen.
3. *Die Desorientierung bewirkt die Aufnahme falscher Daten.*
   Die Perspektiven, die der Desorientierte geistig untersucht, werden im Gehirn als reelle Wahrnehmungen registriert. Die meisten dieser Wahrnehmungen sind ungenau.
4. *Die Aufnahme falscher Daten hat zur Folge, daß der Desorientierte Fehler macht.*
   Er kann nicht unterscheiden zwischen richtigen und falschen Daten, weil beide im Gehirn als reelle Wahrnehmungen registriert werden. Die daraus resultierenden Fehler sind gewöhnlich die ersten »Symptome« der Legasthenie.
5. *Die Fehler rufen emotionale Reaktionen hervor.*
   Niemand macht gern Fehler. Das ist nur zu menschlich. Der Legastheniker reagiert also wie alle anderen: Er reagiert negativ auf seine Fehler. Und dann reagieren Lehrer und Eltern negativ auf seine Reaktionen.
6. *Die emotionalen Reaktionen bewirken Frustration.*
   Die Frustration geht auf die kumulative Wirkung der Fehler und emotionalen Reaktionen zurück, die durch die negativen Reaktionen anderer noch verstärkt wird.
7. *Der Legastheniker erfindet oder übernimmt Techniken, mit denen er die Probleme zu lösen hofft, die durch die Desorientierung im Erkennungsprozeß hervorgerufen werden.*

Diese Methoden oder Lösungen erwecken den Anschein, er kenne das Wort oder die Sache oder Tätigkeit. Jede dieser Methoden hat wenigstens einmal Erfolg gehabt und wurde dann zum *Zwangsverhalten*. Der Legastheniker benutzt sie, ohne sich dessen bewußt zu sein. Diese Lösungsmethoden bilden sich meist im Alter von neun Jahren heraus.

8. *Die Lernbehinderung besteht aus diesen zwanghaften Lösungen.*
   Zwanghafte Lösungen sind geistige Krücken, Tricks und Kniffe wie mechanisches Auswendiglernen, die der Legastheniker benutzt, um den *Anschein* zu erwecken, er wisse Bescheid. Sie haben wenig oder nichts zu tun mit wirklichem Lernen; er gewinnt damit kein Verständnis des zu lernenden Stoffs.
9. *Diese zwanghaften Lösungen sind das, was den Lernprozeß unmöglich macht.*
   Durch den Gebrauch von zwanghaften Lösungen kann jemand so lesen lernen, wie ein Papagei sprechen lernt – ohne jegliches Verständnis des Inhalts. Durch ein paar weitere umständliche geistige Prozesse ist der Lesende vielleicht imstande, einiges von der Bedeutung des Gelesenen zu entziffern. Aber die Verwendung dieser Lösungen ist ein langwieriger Prozeß.

Anhand dieser Struktur können wir jeweils untersuchen, ob die geistigen Funktionen vorhanden sind, die schließlich die verschiedenen Aspekte der Legasthenie hervorrufen: die Fähigkeit zu nonverbalem Denken und die Fähigkeit, Wahrnehmungen zu verändern.

23
Symptome der Desorientierung

Symptome sind das erste, was man bemerkt und was einen vermuten läßt, daß eine Lernbehinderung vorliegt. Wir müssen mit den bisher bekannten Symptomen vertraut sein oder zumindest die Natur des Problems verstehen, bevor wir uns ein Urteil bilden können.

Alle Symptome der Legasthenie sind Symptome der Desorientierung. Die Desorientierung läßt sich eindeutig erkennen, die Legasthenie jedoch nicht.

Im Zustand der Desorientierung wird die Wahrnehmung verzerrt. Was vom Verstand als real wahrgenommen wird, stimmt nicht mit den Gegebenheiten der Außenwelt überein. Die vorwiegend betroffenen Sinne sind die Sicht, das Gehör, der Gleichgewichtssinn, der Bewegungssinn und der Zeitsinn. Typische Beispiele von Desorientierung sind etwa die Kinetose, die sich als Seekrankheit oder als die beim Autofahren auftretenden Schwindelgefühle bemerkbar macht, ferner das Gefühl des Fallens, das man in einem Aufzug oder am Rand einer Klippe hat, die Neigung, Geräusche zu hören, die gar nicht da sind, und das Gefühl, man sei in Bewegung, wenn man ein anderes Fahrzeug fahren sieht.

Wenn man desorientiert ist, nimmt man nicht dieselbe »Realität« wahr wie im Normalzustand, und man merkt nicht, daß das Wahrgenommene nicht der Wirklichkeit entspricht.

Die Desorientierung schafft Tausende verschiedener Symptome, die Formen von Lernbehinderung sind. Der Grad, in dem der einzelne Sinn davon betroffen wird, wechselt von Person zu Person und von Mal zu Mal. Es folgt eine Aufzählung einiger Symptome der Desorientierung, geordnet nach den Sinneswahrnehmungen, die am meisten betroffen sind:

Sicht

→ Gestalt und Abfolge von Buchstaben und Ziffern erscheinen verändert oder vertauscht.
→ Rechtschreibung ist falsch oder unbeständig.
→ Wörter oder Zeilen werden übersprungen.
→ Buchstaben und Ziffern scheinen sich zu bewegen, größer oder kleiner zu werden oder zu verschwinden.
→ Satzzeichen oder Großbuchstaben werden ausgelassen, ignoriert oder übersehen.
→ Wörter und Buchstaben werden ausgelassen, verändert oder durch andere ersetzt.

Gehör

→ Schwierigkeit, gewisse Laute auszusprechen.
→ Laute, die mit zwei Buchstaben geschrieben werden, zum Beispiel *ck*, *ch*, *ph* und *th*, werden falsch ausgesprochen.
→ Geräusche werden wahrgenommen, die gar nicht existieren.
→ Was der andere sagt, wird offensichtlich nicht gehört.
→ Geräusche werden als leiser, lauter, ferner oder näher gehört, als sie sind.

Gleichgewichtssinn und Bewegungssinn

→ Schwindelgefühl beim Lesen.
→ Mangelnder Orientierungssinn in Gebäuden und Strassen sowie in der Natur.
→ Unfähigkeit stillzusitzen.
→ Schwierigkeit, mit der Hand zu schreiben.
→ Schwierigkeit, die Balance zu halten.
→ Koordinationsstörungen (Schwierigkeit mit dem geordneten Ablauf der Muskelbewegungen).

Zeitsinn

→ Hyperaktivität (zuviel körperliche Bewegung).
→ Hypoaktivität (zuwenig körperliche Bewegung).
→ Schwierigkeit, mathematische Begriffe zu verstehen.
→ Schwaches Zeitgefühl, oft verspätet.
→ Unfähigkeit, die Uhr zu lesen.
→ Exzessives Tagträumen.
→ Verliert oft den Faden.
→ Schwierigkeit, Dinge in die richtige Reihenfolge zu bringen.

Zwanghafte Lösungen

Es gibt Hunderte von kompensierenden Verhaltensweisen, Mustern, Tricks und Kniffen, die jemand erfinden oder von anderen übernehmen kann, um damit Verwirrungen, die die Lernfähigkeit herabsetzen oder blockieren, zwanghaft zu lösen. Hier nur einige Beispiele:

→ Das Abc-Lied.
→ Extreme Konzentration.
→ Auswendiglernen.
→ Ungewöhnliche Körperhaltung und -bewegung.
→ Abhängigkeit von anderen.
→ Die Gewohnheit, jedes Wort laut zu buchstabieren.
→ Ausweichen.

Jede beliebige Kombination der zu den obigen fünf Aspekten aufgelisteten Symptome und Verhaltensweisen kann beim einzelnen Legastheniker auftreten, während andere vielleicht völlig fehlen.

Fähigkeiten

Nachdem wir die Symptome identifiziert haben, die auf die negativen Aspekte der Desorientierung hindeuten, können wir auch untersuchen, ob die vier grundlegenden Fähigkeiten vorhanden sind, die alle Legastheniker gemeinsam haben. Dies sind die Begabungen, aus denen das Talent der Legasthenie besteht.

1. Die Fähigkeit, willentlich die Gehirnfunktion der Wahrnehmungsverzerrung zu benutzen.
2. Die Fähigkeit, geistige Bilder bewußt dreidimensional zu sehen und in der Vorstellung um sie herumzugehen.
3. Die Fähigkeit, selbsterzeugte geistige Bilder als reale äußere Erscheinungen zu erleben, mit anderen Worten: Phantasiegebilde als physische Realität zu erleben.
4. Die Tendenz oder Vorliebe, nonverbal zu denken, das heißt, ohne inneren Monolog (oder fast ohne inneren Monolog) Bilder von Begriffen und Ideen zu gebrauchen.

Wenn diese Talente und die oben geschilderten negativen Symptome der Lernbehinderung vorhanden sind, können wir mit Sicherheit annehmen, daß die Symptome auf Desorientierung zurückgehen und daß wir es mit einem Legastheniker zu tun haben.

Bevor wir uns genauer mit der Diagnose und der Beratungsmethode befassen, müssen wir noch einen weiteren Begriff definieren. Er erklärt, wie der Legastheniker die Desorientierungsfunktion des Gehirns aktiviert.

24
Das geistige Auge

Die Entdeckung, die ich im Dezember 1980 machte, ergab sich aus der Feststellung, daß meine Legasthenie jeweils um so krasser zutage trat, je stärker ich mich in künstlerische Arbeit vertiefte. Da meine Symptome also nicht gleichbleibend waren, stellte ich die generelle Annahme in Frage, Legasthenie gehe auf einen organischen Defekt oder eine organische Funktionsstörung im Gehirn zurück.

Ich untersuchte daher, wie meine Wahrnehmung funktionierte, wenn ich künstlerisch tätig war, und entdeckte, daß ich dabei immer wieder den Standort verlegte, von dem aus ich meine geistigen Bilder ansah. Ich probierte deshalb verschiedene Orte aus und bemerkte, daß ich damit meine legasthenischen Symptome willentlich verändern konnte. Sie nahmen ab oder zu, je nachdem, von wo ich blickte.

Da ich nicht wußte, wie ich diesen »Ort« oder dieses »Etwas«, von wo ich schaute, nennen sollte, prägte ich zuerst den Ausdruck »Zentrum der optischen Wahrnehmung«. Dies schien mir zwar ein passender Fachausdruck zu sein, aber ich wollte etwas Einfacheres und kam auf den Ausdruck »geistiges Auge«, gleichbedeutend mit »Einbildungskraft«.

Später entdeckte ich, daß dieses geistige Auge auch das geistige Zentrum anderer Sinne war, zum Beispiel des Gehörs, des Gleichgewichtssinns und des Bewegungssinns. Der richtige Ausdruck wäre also »geistiges Wahrnehmungszentrum«. Aber ich bin bei dem Ausdruck »geistiges Auge« geblieben, denn er ist leichter zu verstehen, vor allem für unsere Klienten – vermutlich, weil die Sicht der dominierende Wahrnehmungssinn ist und weil Legastheniker mit ihm am meisten Schwierigkeiten haben.

Der geistige Ort, von dem aus man sieht

Es ist wichtig zu begreifen, daß man nach unserer Methode nicht *im* oder *am* geistigen Auge oder *durch* es sieht, hört oder empfindet, sondern *mit dem geistigen Auge* oder *von ihm* oder *aus ihm heraus*.

Wenn man etwas *an*sieht, dann sieht man offensichtlich *von* irgendwoher. Wenn man aus den Augen schaut, sieht man daher nicht das eigene Gesicht. Man sieht nur ein Spiegelbild oder ein Foto von ihm, aber nicht das Gesicht selbst, denn es ist der Ort, von dem aus man sieht. Ähnlich kann auch das geistige Auge nicht sich selbst sehen. Es kann nur Dinge sehen, die außerhalb von ihm sind, seien es physische Dinge der Außenwelt oder geistige Konzepte.

Wenn man ein geistiges Bild betrachtet – zum Beispiel einen Vorgang, den man sich vorstellt, oder einen Traum –, dann betrachtet man dieses Bild mit dem geistigen Auge und von ihm und aus ihm heraus.

Wo befindet sich das geistige Auge?

Das geistige Auge hat keinen Standort. Es hat vielmehr eine unendliche Menge möglicher Standorte. Es befindet sich dort, wo sein Besitzer es jeweils plaziert, hinwünscht oder wahrnimmt. Wem dies wie ein übernatürlicher oder metaphysischer Begriff erscheint, der möge sich bitte daran erinnern, daß Legastheniker die Fähigkeit besitzen, ihre geistigen Bilder als reelle Wahrnehmungen zu erleben. Wenn sie also das geistige Auge an einem bestimmten Ort ansiedeln, erlangen sie die Fähigkeit, ihre Wahrnehmungen von diesem Blickwinkel aus zu erleben.

Wenn Legastheniker einen Buchstaben des Alphabets anschauen und sich desorientieren, haben sie im Handumdrehen Dutzende verschiedener Ansichten von ihm - sie sehen ihn von links, von rechts, von oben, von unten und von der Rückseite. Mit anderen Worten: Das geistige Auge fährt geistig um den Buchstaben herum, als wäre dieser ein Gegenstand im Raum. Es gleicht einem Hubschrauber, der ein Gebäude umfliegt und überwacht. Hier ist die Desorientierung auf vollen Touren bei der Arbeit, um den Gegenstand zu erkennen.

Ist das geistige Auge tatsächlich dort draußen in der »wirklichen« Welt? Umkreist es den Buchstaben? Geht es sogar hinter das Blatt des Buches? Hat der Legastheniker eine Erfahrung außerhalb des Körpers? Oder fabriziert sein Geist die erforderlichen Wahrnehmungsreize, die diese vielfältigen Ansichten hervorrufen? Ich weiß es nicht. Ich weiß nur, daß es geschieht.

Eine besondere Form der Wahrnehmung

Die Idee eines umherkreisenden Standortes mag einem mystisch vorkommen, als handele es sich um eine außersinnliche Wahrnehmung. Das Phänomen läßt sich durch eine Vielzahl von Theorien erklären, unter anderem durch die Idee der Quantenphysik, daß die Wahrnehmung als solche das beobachtete Objekt verändert. Man könnte auch sagen, daß es eine Form von Wahrnehmung ist, die man noch nicht identifiziert hat, zum Beispiel so etwas wie das Sonar des Delphins, das ihn dreidimensionale Bilder seiner Umgebung wahrnehmen läßt und ihn sogar befähigt, diese Bilder seinen Artgenossen mitzuteilen. Oder man könnte an eine Form von Phantasie oder Einbildungs- oder Vorstellungskraft denken, mit der man vielfache Ansichten von Gegenständen oder Symbolen herstellt.

Es ist aber eine unleugbare Tatsache, daß das geistige Auge vielschichtig wahrnimmt, und wenn Legastheniker die Kontrolle über den Standort des geistigen Auges gewinnen können, werden sie fähig, zweidimensionale Symbole genau wahrzunehmen. Mehr als tausend von ihnen haben allein in den Vereinigten Staaten seit Beginn meiner Arbeit ihre Lese- und Rechtschreibfertigkeit durch die Techniken verbessert, die in den folgenden Kapiteln beschrieben werden, und in Europa sind in den letzten Jahren mehrere hundert dazugekommen, namentlich in Deutschland, Holland und der Schweiz.

Wem die Idee eines herumschwirrenden geistigen Standortes weit hergeholt vorkommt, der ist wahrscheinlich kein Legastheniker. Wenn ich den Begriff des geistigen Auges am Anfang des Unterrichts erkläre, sagen die meisten Legastheniker sofort: »Richtig, so mache ich das!«

Legastheniker plazieren ihr geistiges Auge an verschiedenen vorteilhaften Orten. Tänzer und Sportler (zwei beliebte Legasthenikerberufe) siedeln ihr geistiges Auge meist oberhalb des Körpers an – eine sehr günstige Position für sie. Andere Sportler, die in ihren Aktionen nach vorne gerichtet sind, entwickeln eine Orientierung weiter nach vorne zu, die für sie auch von großem Vorteil ist.

Ohne uns auf theoretische Erörterungen über die Natur der Wirklichkeit einzulassen, können wir einfach sagen:

Wenn jemand sein geistiges Auge unbewußt in Bewegung versetzt, erlebt er seine vielschichtige Wahrnehmung als Wirklichkeit.

Wo ist der Schalter?

Der Legastheniker muß lernen, seine Desorientierung an- und abzuschalten. Dies geschieht dadurch, daß er sein geistiges Auge bewußt an eine bestimmte Stelle bringt. Wenn er das bewerkstelligt, ist er nicht mehr desorientiert und kann die äußere oder »wirkliche« Welt korrekt wahrnehmen. Er ist orientiert.

Der für die Orientierung beste Standort des geistigen Auges wird durch Probieren gefunden. Er variiert von Person zu Person und kann sich im Laufe der Zeit etwas ändern, fällt aber in einen gewissen schmalen Bereich. Er liegt auf der Symmetrieebene des Körpers, ein paar Zentimeter über dem Kopf und ein wenig nach hinten gerückt. Wenn jemand gelernt hat, sein geistiges Auge an den »Orientierungspunkt« zu bringen, wie ich es nenne, dann hat er gelernt, die desorientierten Wahrnehmungen der Legasthenie abzuschalten.

Die im folgenden Kapitel beschriebene Wahrnehmungsdiagnose nach Ronald Davis dient der Beurteilung, ob jemand die Fähigkeit besitzt, das geistige Auge umherzubewegen und von verschiedenen Standorten aus geistige Bilder zu gewinnen. Sie antwortet also auf die Frage: Kann der Klient sich bewußt desorientieren?

Das im 27. Kapitel beschriebene Orientierungstraining nach Ronald Davis zeigt dem Legastheniker, wie er das geistige Auge unter seine Kontrolle und in die optimale Position für die Wahrnehmung der wirklichen Welt und besonders für das Lesen bringen kann. Der Zweck des Orientierungstrainings besteht *nicht* darin, die Desorientierung insgesamt zu unterbinden, denn sie ist eine wertvolle Begabung. Diese Methode trainiert den Legastheniker im bewußten An- und Abschalten der Desorientierung. Mit ein bißchen Übung gewinnt er die Fähigkeit, den geistigen Schalter mühelos und nach Belieben zu benutzen.

25
Das Davis-Training

Dieses Buch ist nicht als Anleitung zur Selbsthilfe konzipiert. Sowohl im ursprünglichen Training als auch beim späteren Üben ist in jedem Fall ein Helfer oder eine Helferin erforderlich. Das Orientierungstraining ist keine Übung, die man kurz im Buch nachliest und dann alleine durchführt, denn die Aufmerksamkeit wäre dabei viel zu geteilt, als daß der Prozeß effektiv sein könnte. Es ist vielmehr eine Übung, die man erlernt, um anderen zu helfen. Wer sich selbst diesem Prozeß unterziehen möchte, sollte sich daher eine Person suchen, die die hier gebotene Beschreibung durchliest und sich mit der praktischen Anwendung vertraut macht und die einen dann durch den Prozeß hindurchführt. Oder man bedient sich des *Hörbuchs* (siehe Seite 7). Auf diese Weise kann man sich entspannt dem ganzen Vorgang überlassen.

Die in den folgenden Kapiteln beschriebenen Verfahren sind die grundlegenden Methoden, mit denen wir im Reading Research Council seit der Eröffnung des Dyslexia Correction Center im Jahre 1982 legasthenischen Kindern und Erwachsenen erfolgreich geholfen haben. In einem Davis-Trainingsprogramm werden alle diese Methoden im Laufe von fünf Tagen täglich fünf bis sechs Stunden lang intensiv verwendet. Die Symbolbeherrschung der Auslösewörter wird während des Programms begonnen und anschließend zu Hause mit einer helfenden Person (Vater oder Mutter, Lebensgefährte oder -gefährtin, Nachhilfelehrer oder -lehrerin usw.) weiter und zu Ende geführt. Dieses Intensivtraining hat sich als die effektivste Methode erwiesen. Ein Übungsplan, der eine Stunde pro Tag oder pro Woche vorsieht, wird auch Erfolge zeigen, ist aber insgesamt zeitaufwendiger und langwieriger, da der in einer Sitzung in Gang gekommene Schwung in den Zwischenzeiten verlorengeht. Und einfach nur nach Lust und Laune Teile des Programms auszuwählen und zu benützen, wird nicht zu dem großen Endziel führen, die Leserechtschreibschwäche wirklich zu überwinden.

Eine leichte Methode, sich mit den einzelnen Verfahren vertraut zu machen, besteht darin, sie laut mit einem Freund oder auch alleine (mit dem *Hörbuch*) zu üben. Man gehe die Erklärungen durch und zeichne sich die einzelnen Schritte auf ein Blatt Papier, wobei man sich die nötigen wörtlichen Bemerkungen vergegenwärtigt.

Bin ich kompetent genug, um diese Übung durchzuführen?

Wenn Sie selber normal lesen und schreiben können und jemandem helfen wollen, seine Lese-, Schreib- und Lernschwierigkeiten zu überwinden, dann ist die Antwort ja. Die Bereitschaft, einem Schüler etwas Zeit und Aufmerksamkeit und Ermunterung zu schenken, ist der beste Beweis dafür, daß jemand diese Verfahren anwenden kann. Lehrpersonen sollten diese Verfahren einfach als Übungen betrachten. Schaden kann damit nicht angerichtet werden. Wenn man sie falsch anwendet, taucht im schlimmsten Fall ein leichtes Schwindelgefühl auf, das sich in einem kurzen Spaziergang oder Nickerchen bald verliert. Eltern werden diese Übungen nur als schwierig empfinden, wenn sie sich nicht zuerst der Bereitschaft ihrer Kinder zur Mitarbeit versichern oder wenn sie Druck oder Zwang ausüben.

Legasthenische Kinder und Erwachsene

Orientierungstraining und Symbolbeherrschungstraining sind zwei verschiedene Verfahren, die einander ergänzen. Das Orientierungstraining beseitigt das Wahrnehmungsproblem, das Symbolbeherrschungstraining beseitigt die Leserechtschreibschwäche.

Die Symbolbeherrschung hat sich auch als nützliches Hilfsmittel in Lehrplänen erwiesen, die der Kreativität und der sprachlichen Gewandtheit gewidmet sind. Kinder unter sieben oder acht Jahren sind (je nach persönlicher Reife) generell besser beraten, wenn sie mit den Symbolbeherrschungsübungen anfangen. Jüngeren Kindern kann man die Grundzahlen und das Alphabet beibringen, indem man sie sie aus Knete modellieren läßt. Der grundlegende Wortschatz für das anfängliche Lesen und Schreiben kann ebenfalls mit der Symbolbeherrschung erlernt werden mit dem zusätzlichen Vorteil, daß dabei auch die Wortbedeutungen klar werden. Kinder brauchen nicht legasthenisch zu sein, um diese Lernmethode zu benützen – sie hilft allen Kindern. Und sie haben Spaß dabei!

Wenn Kinder Lese- und Rechtschreibprobleme entwickeln, kann man sie auch in der Orientierung unterrichten, sobald sie die nötige Reife dafür besitzen – im Falle von Frühentwicklern mit etwa sieben Jahren, im Falle von Spätentwicklern mit etwa neun Jahren.

Die meisten Legastheniker im Alter von acht oder mehr Jahren sollten mit dem Orientierungstraining beginnen, da sie schon die frustrierende Erfahrung gemacht haben, nicht gut lesen oder schreiben zu können. Ein Teilaspekt des Talents der Legasthenie ist die Tendenz zur spontanen Desorientierung, sobald Verwirrung auftritt. Diese Denkmethode springt beim Legastheniker bei jedem kleinsten Anlaß zur Verwirrung sofort in Aktion und muß unter seine bewußte Kontrolle gebracht werden. Das Orientierungstraining befähigt ihn zur genauen und konstanten Wahrnehmung, wo immer er es mit Sprache und sprachlicher Kommunikation zu tun hat.

Die Reihenfolge der Verfahren

Man beginnt mit der Wahrnehmungsdiagnose (Kapitel 26). Sie zeigt, ob der Interessent sich für die weiteren Übungen eignet. Dann sollte man im Gespräch mit dem Klienten ermitteln, welche Behinderungen er zu überwinden wünscht. Selbst wenn man bereits zu wissen glaubt, welche Hilfe der Klient sich erhofft, ist es immer noch eine gute Idee, ihn auch danach zu befragen. Er kann sich dann direkt darüber aussprechen. Eltern machen oft die überraschende Entdeckung, daß es ihren Kindern gar nicht wichtig ist, besser lesen zu lernen, daß sie aber brennend daran interessiert sind, »besser Fußball spielen zu können« oder »Freunde zu haben«. Mit etwas Kreativität können Eltern und Lehrer die Kinder dabei unterstützen, mit Hilfe der Davis-Methoden beide Ziele zu verwirklichen.

Sobald man mit der Diagnose festgestellt hat, daß der Klient die Fähigkeit besitzt, sich mühelos innere Bilder zu machen und das geistige Auge zu bewegen, ist der nächste Schritt die Orientierungssitzung (Kapitel 27). Danach folgt eine Leseübung nach der Buchstabier-Lese-Methode (Kapitel 32), wobei man die Stufe dieser Methode benutzt, die der Lesefähigkeit des Klienten entspricht. Diese Übung bietet sofort Gelegenheit, Desorientierungen zu bemerken und zu beheben. Und falls »Festhalten« und Kopfschmerzen auftreten, kann man die Loslaßübung anwenden (Kapitel 28).

Im Anschluß an die Orientierungssitzung ist man in der Lage, mit den Grundlegenden Symbolbeherrschungsübungen zu beginnen (Kapitel 31).

An den folgenden zwei oder drei Tagen beginnt man morgens mit der Überprüfung (Kapitel 28), um sicherzustellen, daß der Orientierungspunkt an der richtigen Stelle sitzt. Am dritten oder vierten Tag fängt man den Morgen mit der Feineinstellung (Kapitel 29) an.

Im weiteren Verlauf wechselt man zwischen Symbolbeherrschungsübungen und Buchstabier-Lesen hin und her. Sobald der Klient alle grundlegenden Sprachsymbole beherrscht, geht man zu den Wörtern über (Kapitel 33). Wenn der Klient die grundlegende Symbolbeherrschungstechnik für Wörter beherrscht, kann er darangehen, die ganze Liste der Auslösewörter zu erarbeiten, eine Aufgabe, die sich nur im Laufe von Monaten bewältigen läßt, wobei man sich nach Möglichkeit täglich zwei oder drei Wortdefinitionen vornimmt.

Hinweise für die Symbolbeherrschung

Man betrachte dieses Verfahren nicht als Arbeit, sondern als Abenteuer und Spiel. Der Klient sollte den Impuls in sich verspüren, seine Fähigkeit, mit geschriebener Sprache umzugehen, zu verbessern. Es ist daher manchmal eine gute Idee, sich mit dem Klienten über die Vorteile guter Lese- und Schreibfertigkeit zu unterhalten.

Man hüte sich davor, die bildnerische Qualität der Knetemodelle zu kritisieren oder sie sogar selber zu verbessern. Um den Klienten zur Genauigkeit und zu eigenen Verbesserungen zu ermuntern, kann man Fragen stellen wie die folgenden:

»Schau mal nach, ob dieser Buchstabe genauso aussieht wie in der Vorlage.«

»Wenn du nichts dazu sagst oder keine erklärenden Gesten machst, drückt die Knete alleine schon alles aus?«

»Ich kann es noch nicht genau sehen. Kannst du es noch etwas klarer herausarbeiten?«

»Was ist die Idee, die du hier zeigen willst?«

»Kannst du das noch deutlicher machen?«

»Bist du zufrieden damit, wie es aussieht?«

Wenn der Klient anfangs die Symbolbeherrschungstechnik erlernt, kommt es oft vor, daß er sich nicht sofort einen klaren Begriff davon machen kann. Es hilft ihm dann, wenn er die einzelnen Schritte bei einem bestimmten Wort oder Begriff wiederholt. Aber sobald der Groschen gefallen ist, genügt es vollkommen, eine Definition einmal mit der Symbolbeherrschung darzustellen.

Routinehafte Wiederholung oder Überprüfung ist nicht nötig. Sobald etwas einmal richtig gemacht wurde, ist der Job erledigt. Man lobe den Klienten und gehe zur nächsten Arbeit über. Vertrauen in die Wirksamkeit des Prozesses ist eine Notwendigkeit. Der Beweis wird sich einstellen in Form von gestiegenem Selbstwertgefühl, größerem Interesse am Lesen und stetiger Verbesserung der Lernfähigkeit.

Man kann die Auslösewörter in jeder beliebigen Reihenfolge angehen und später zu ihnen zurückkehren, um weitere Definitionen zu erarbeiten. Eins der Talente der Legasthenie ist die Fähigkeit, Probleme automatisch zu lösen. Davon kann man Gebrauch machen. Häufige kurze Pausen sind ratsam. Sie lassen das Erlernte einsinken und verhindern Langeweile.

Man achte stets darauf, daß die Zusammenarbeit ein Abenteuer ist und Spaß macht. Das ist die beste Methode, um zu wirklichem Lernen zu inspirieren.

26
Die Wahrnehmungsdiagnose

Im folgenden erkläre ich nun die diagnostische Methode, wie sie in unseren Trainingsseminaren gelehrt wird. Sie dient der Ermittlung, ob der Klient, der an einer Lernbehinderung oder sonstigen Wahrnehmungsstörung leidet, ein Kandidat für das Orientierungstraining ist. Wir benutzen diese Diagnose gleicherweise für Kinder und Erwachsene, doch wenden wir sie bei Kindern normalerweise erst an, wenn sie sieben Jahre alt sind, denn die Symptome der Legasthenie treten meistens erst dann in Erscheinung.

Die Diagnoseschritte sind wie ein Drehbuch angelegt. Aber sobald man weiß, worum es geht, ist es nicht mehr nötig, sich an irgendein Schema zu halten.

Jeder, der die besonderen Wahrnehmungsfähigkeiten des Legasthenikers besitzt, dürfte imstande sein, dieses Übungsprogramm ohne große Mühe durchzuführen. Es ist ein Kinderspiel für ihn.

Wenn jedoch jemand offensichtlich Legastheniker ist, sich aber trotzdem bei dieser Übung kein inneres Bild von einem Kuchenstück oder sonst etwas machen kann, dann liegt dies wahrscheinlich daran, daß eine »alte Lösung« seine Vorstellungskraft oder innere Sicht blockiert (siehe Kapitel 5). In solchen Fällen wende man sich um Rat und Hilfe an Fachleute oder Institute, die mit der Davis Dyslexia Association verbunden sind. Auch Streß, Krankheit und gewisse Arzneien können die innere Wahrnehmung blockieren.

Gehen wir nun an die Arbeit – bei Bedarf auch mit Unterstützung des *Hörbuchs* (siehe Seite 7).

1. Begrüßung

Begrüßen Sie den Klienten, stellen Sie sich vor und erklären Sie, wenn nötig, worin die Diagnoseschritte im wesentlichen bestehen.

2. Klärung der Begriffe

Was Sie sagen	*Was Sie tun*
Bist du Rechts- oder Linkshänder(in)?	*Schreiben Sie die Antwort für später auf:* -----------------------------------
Bei der folgenden Übung benutzt du deine Phantasie. Du schließt die Augen und machst dir ein Bild von einem Gegenstand. Verstehst du, was ich meine?	*Bei einem Ja fahren Sie fort. Bei einem Nein bitten Sie den Klienten, die Augen zu schließen und sich irgend etwas Beliebiges vorzustellen. Falls er das nicht kann, hören Sie auf.*

Was Sie sagen	*Was Sie tun*
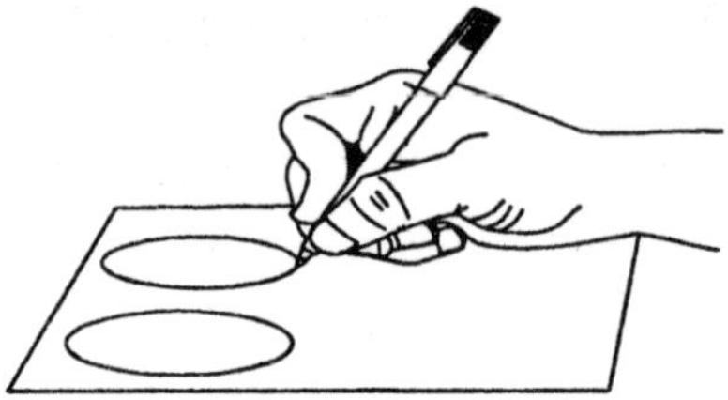	*Zeichnen Sie zwei Kreise auf ein leeres Blatt.*
Der eine Kreis, das bist du.	*Zeigen Sie auf den einen Kreis, und schreiben Sie »du« hinein.*
Der andere, das bin ich.	*Zeigen Sie auf den anderen Kreis, und schreiben Sie »ich« hinein.*
Wenn du mich anschaust, blickst du *von hier*.	*Zeigen Sie auf den Du-Kreis.*
Und du blickst *hierhin*.	*Zeichnen Sie einen Pfeil vom Du-Kreis zum Ich-Kreis.*
Wenn wir die Augen gebrauchen, wissen wir genau, von wo wir blicken. Aber wie ist es, wenn die Augen zu sind und wir ein geistiges Bild anschauen?	*Zeigen Sie auf Ihre eigenen Augen.* *Geben Sie dem Klienten einen Augenblick Zeit.*

Was Sie sagen	*Was Sie tun*
Wir machen genau dasselbe. Wir blicken von irgendeinem Ort zu diesem Bild hin.	*Zeigen Sie auf den Du-Kreis, wenn Sie »von« sagen. Zeigen Sie auf den Ich-Kreis, wenn Sie »zu« sagen.*
Den Ort, von dem wir schauen, nenne ich *das geistige Auge*, denn er ist das, womit die Phantasie sieht.	*Versichern Sie sich, daß alles verstanden ist.*
Magst du Kuchen?	ACHTUNG: *Die meisten mögen Kuchen. Falls der Klient Kuchen nicht mag, kann er sich Pizza oder irgend etwas anderes vorstellen, das er gerne ißt.*
Welchen Kuchen magst du am liebsten?	*Schreiben Sie für später auf, welchen Kuchen er bevorzugt:* ------------------------------ ------------------------------

Was Sie sagen	*Was Sie tun*

3. Diagnose

Bitten Sie den Klienten, sich Ihnen direkt gegenüberzusetzen. Sitzen Sie ihm nahe genug, um ihn berühren zu können, ohne aufzustehen, aber nicht so nahe, daß es ihm unangenehm ist.

Ist es in Ordnung, wenn ich bei der Übung deine Hände berühre?

Bitten Sie um seine Zustimmung.

Falls er rechtshändig ist, nehmen Sie seine linke Hand (oder umgekehrt) und bringen sie – Handfläche nach oben – mitten vor seine Brust, wo man ein Buch zum Lesen hinhält.

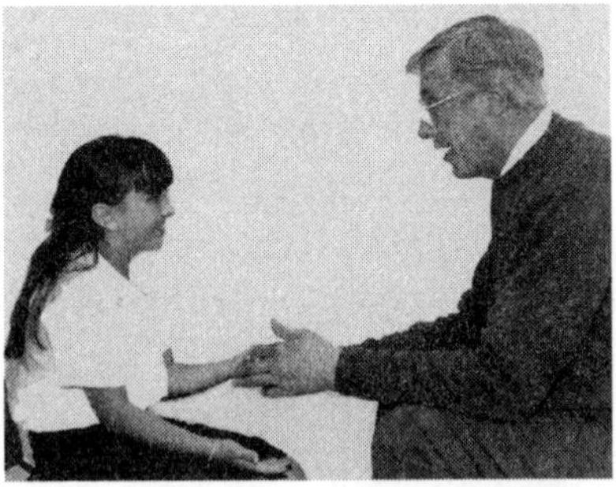

»Stelle dir vor, du hättest ein Stück Schokoladenkuchen in der Hand.«

Berühren Sie die Handfläche.

Was Sie sagen	*Was Sie tun*
Stell dir vor, du hättest ein Stück ____________-Kuchen in dieser Hand. Sag mir bitte Bescheid, wenn du das innere Bild hast.	*Beschreiben Sie den Kuchen mit denselben Worten wie er (sie), zum Beispiel: »Ein großes Stück Schokoladentorte.«*
Schließe bitte die Augen. Halte sie zu, bis ich dich bitte, sie wieder zu öffnen.	*Sagen Sie das, sobald er das geistige Bild vor sich sieht (falls er/sie die Augen nicht bereits geschlossen hat).*

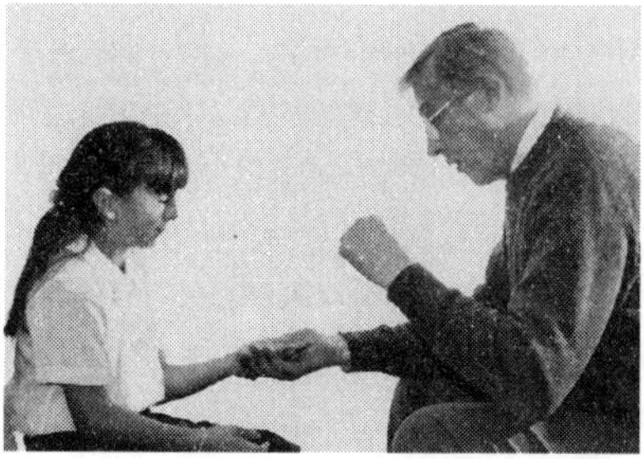

»Schließe die Augen.«

ACHTUNG: *Falls der Klient das nicht kann oder das Bild nicht bleiben will, können Sie entweder aufhören oder ihm helfen, ein Bild herzustellen. Es bedeutet aber, daß das Orientierungstraining schwierig sein wird.*

Was Sie sagen	*Was Sie tun*
	Stellen Sie durch einfache Fragen fest, wie der Kuchen in der Hand liegt. Machen Sie das, bis auch Sie ein klares Bild von dem Stück in der Hand haben.
	Falls Ihnen das nicht gelingt, machen Sie sich wenigstens eine ungefähre Vorstellung von seiner Größe, Lage und Gestalt.
	*Nehmen Sie den Zeigefinger seiner anderen Hand zwischen Ihren Daumen und Mittelfinger. Bringen Sie ihn an einen Punkt vor seiner Stirn – ein paar Zentimeter von ihr entfernt und etwas oberhalb der Augenbrauen.*
Bringe nun dein geistiges Auge *hierhin*, wo der Finger ist, und blicke von *hier* aus auf den Kuchen.	
	Berühren Sie seine Fingerspitze mit Ihrer Fingerspitze, wenn Sie »hierhin« sagen.

Was Sie sagen	*Was Sie tun*
Es ist, als wärst du ein Stück weit nach oben gekommen, um von *hier* aus eine Ansicht vom Kuchen zu erhalten.	*Berühren Sie wieder den Finger, wenn Sie »hier« sagen. Warten Sie dann ein paar Sekunden ...*
Kannst du den Kuchen von *hier* aus sehen?	*Berühren Sie wieder den Finger.*
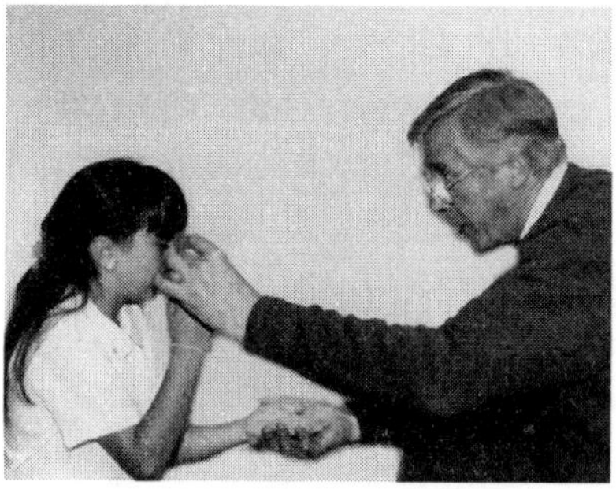 *»Schau dir den Kuchen von hier aus an.«*	*Berühren Sie die Fingerspitze.* ACHTUNG: *Wenn er (sie) diese erste Bewegung nicht mühelos ausführen kann, hören Sie auf. Gehen Sie zu Punkt 4 (Seite 162). Erklären Sie, daß die Diagnose beendet ist und daß das Orientierungstraining nicht angezeigt ist.*

Was Sie sagen	*Was Sie tun*
Behalte das geistige Auge in der Fingerspitze. Ich bewege jetzt den Finger. Das geistige Auge kommt mit.	ACHTUNG: *Bewegen Sie den Finger nicht, während Sie reden. Geben Sie Ihre Anweisung,* bevor *Sie den Finger bewegen und sprechen Sie nicht, solange Sie den Finger bewegen..*
	*Bewegen Sie den Finger langsam und stetig in einem Bogen nach rechts um die offene Hand herum zu einer neuen Stelle, doch nie weiter als einen Viertelkreis herum.*
Kannst du den Kuchen von *hier* aus sehen?	*Berühren sie den Finger.*

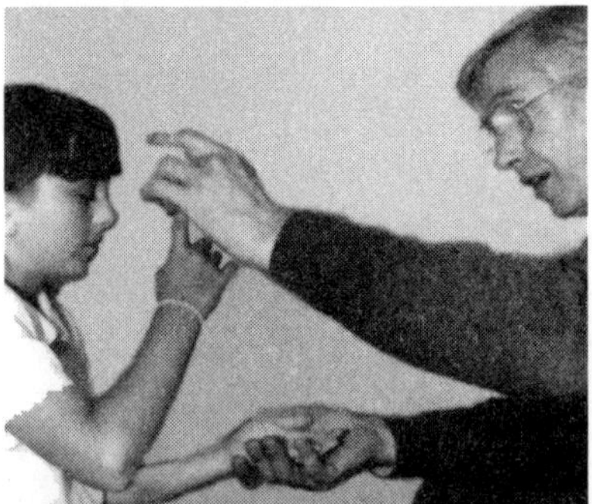

»Kannst du den Kuchen von hier aus sehen?«

Was Sie sagen	*Was Sie tun*
	Wenn der Klient bejaht, stellen Sie Fragen, die eine verbale Antwort erfordern. Achten Sie auf die Zeit, die er dafür braucht, auf Veränderungen in der Sprechweise und auf jedes Zeichen von Verwirrung oder Desorientierung. Sobald Sie sicher sind, daß er das geistige Auge wirklich an die neue Stelle gebracht hat, gehen Sie zu Punkt 4 und beenden die Diagnose. *Wenn Sie nicht sicher sind, gehen Sie weiter.*
Ich bewege jetzt wieder den Finger, und das geistige Auge kommt wieder mit.	*Bewegen Sie den Finger wieder langsam ein Stück um die offene Hand herum.*
Kannst du den Kuchen von *hier* aus sehen?	*Berühren Sie wieder den Finger.*

Was Sie sagen	*Was Sie tun*
	Wenn der Klient bejaht, stellen Sie wieder Fragen und achten auf Zeichen, daß er das geistige Auge wirklich bewegt hat. Das Bild, das er sieht, sollte der neuen Position des Fingers und des geistigen Auges entsprechen.
	Wiederholen Sie diesen Prozeß (Bewegung des geistigen Auges und Fragen), bis Sie sicher sind, daß er das geistige Auge wirklich bewegt hat.

4. Ende der Diagnose

Bringe das geistige Auge nun zurück zu der Stelle, wo es war, als wir anfingen, und gewinne so noch einmal die ursprüngliche Ansicht vom Kuchen.	*Bewegen Sie den Finger langsam zu der ursprünglichen Position vor der Stirn.*

Was Sie sagen	*Was Sie tun*
Nimm das geistige Auge aus dem Finger, und blicke den Kuchen wieder von den Augen aus an wie anfangs.	
	Warten Sie ein paar Sekunden.
Hast du die ursprüngliche Ansicht?	
	Wenn der Klient bejaht, bringen Sie den Finger zurück zum Schoß und lassen ihn los.
Laß den Kuchen verschwinden, und sage mir Bescheid, wenn die Hand wieder leer ist.	
	ACHTUNG: *Wenn er den Kuchen nicht ohne weiteres loswird, lassen Sie ihn die Augen ein paarmal schnell auf- und zumachen.*
	Wenn der Kuchen verschwunden ist, berühren Sie die Handfläche seiner offenen Hand.

Was Sie sagen	*Was Sie tun*
Lege jetzt noch ein anderes Stück Kuchen in diese Hand hier, und sage mir Bescheid, wenn es da ist.	
	ACHTUNG: *Dieses zweite Bild soll er herstellen und auslöschen, damit das geistige Auge mit Sicherheit wieder an seiner ursprünglichen Position ist und der Klient nicht desorientiert bleibt.*
Laß dieses Kuchenstück verschwinden, und wenn es weg ist, öffne die Augen.	
	Wenn die Augen offen sind, bringen Sie die offene Hand zurück zum Schoß und lassen sie los.

27
Das Orientierungstraining

Wenn der Klient sich in der Diagnose als Legastheniker erwiesen hat, kann die Behandlung beginnen. Der erste Schritt besteht darin, daß man die Verzerrung der Wahrnehmung in den Griff bekommt. Der Klient muß daher als erstes lernen, die Desorientierung bewußt an- und abzuschalten. Die Symptome der Legasthenie sind Symptome der Desorientierung. Sobald der Legastheniker die Desorientierung abschalten kann, kann er auch die Symptome abschalten.

Sobald die Desorientierung abgeschaltet ist, bringt der Legastheniker nicht länger seine typischen Symptome hervor, und es kann so aussehen, als sei das Problem nun gelöst. Aber die Orientierung ist nur der erste Schritt in der Beseitigung des Problems.

Die erste Sitzung des Orientierungstrainings nach Ronald Davis dauert gewöhnlich kaum eine Stunde. Am Ende einer erfolgreichen Sitzung kann der Legastheniker meist schon wesentlich besser lesen. Man muß ihm nur hier und da ein wenig helfen, die immer wieder auftretende Desorientierung zu bemerken und zu korrigieren. Es kann tatsächlich so aussehen, als wäre Magie im Spiel oder als wäre ein Wunder geschehen, aber in Wirklichkeit sieht man nun lediglich die wirkliche Lesefertigkeit des Klienten, so wie sie ist, wenn sie nicht durch Desorientierung gestört wird. Wir haben dokumentierte Fallgeschichten in unserem Archiv, die belegen, daß die sichtbare Lesefertigkeit mancher Teenager allein durch das Orientierungstraining binnen einer Woche auf ein Niveau angestiegen ist, das bis zu acht Klassen höher lag als vorher.

Man könnte annehmen, daß eine Fertigkeit, die eine derart dramatische Wirkung hervorruft, schwer zu erlernen ist. Tatsächlich erlernen Legastheniker sie aber sehr leicht. Dies hat einen ganz einfachen Grund: Sie besitzen diese Fertigkeit bereits – und zwar seit sie ein paar Monate alt waren. Sie waren sich dessen nur nicht bewußt. Das Orientierungstraining befähigt sie, diese Fertigkeit zu verstehen und sie unter ihre bewußte Kontrolle zu bringen.

Wenn Sie das im folgenden beschriebene Verfahren durchgehen, bekommen Sie vielleicht den Eindruck, daß es eine Übung in visueller Vorstellung ist. Aber wenn man es richtig anwendet, lassen sich wunderbare Ergebnisse erzielen. Es gibt nur ein paar Regeln, an die man sich halten muß:

1. Vergewissern Sie sich mittels der im vorigen Kapitel beschriebenen Diagnose, daß der Klient die Fähigkeit besitzt, sein geistiges Auge zu bewegen, sich also für das Orientierungstraining eignet.
2. Vergewissern Sie sich, daß der Klient dieses Training wirklich wünscht. Er muß ernsthaft daran interessiert sein, durch den Prozeß hindurchzugehen. Mit Kindern unter sieben Jahren arbeiten wir normalerweise nicht, denn sie haben die Desorientierung noch nicht als Schulproblem kennengelernt. Für sie gibt es noch kein Problem, das zu lösen wäre.
3. Nehmen Sie eine freundliche, unterstützende Haltung ein, während Sie den Klienten durch das Training begleiten. Er sollte nicht darüber nachdenken müssen, was er macht. Er sollte einfach nur Ihren Anweisungen folgen.
4. Vergewissern Sie sich, daß der Klient nicht müde oder hungrig ist oder irgendwelche Medikamente oder sonstigen Substanzen einnimmt, die seine Wahrnehmung oder sein Denken beeinflussen.

Die folgende Beschreibung ist eine Art Manuskript oder Drehbuch für die erste Orientierungssitzung, wie sie im Reading Research Council durchgeführt wird. Richtig durchgeführt, hat sie sich in 97 von 100 Fällen als erfolgreich erwiesen. Wenn Sie keinen Erfolg haben, liegt es wahrscheinlich daran, daß Sie eine der oben genannten vier Regeln nicht eingehalten haben.

Wie bei der Wahrnehmungsdiagnose empfehlen wir Ihnen auch hier, Ihre eigenen Worte zu benutzen.

1. Begrüßung

Begrüßen Sie den Klienten, und versuchen Sie, eine innere Verbindung herzustellen. Erklären Sie, wenn nötig, Ziel und Zweck des Verfahrens, so wie sie am Anfang des Kapitels dargestellt wurden.

2. Erklärung der Begriffe

Wenn Sie die Notizen nicht zur Hand haben, die Sie sich bei der Diagnose gemacht haben, fragen Sie bitte den Klienten, ob er rechts- oder linkshändig ist. Finden Sie mit ihm zusammen einen Gegenstand, den er sich mühelos vorstellen kann, oder gebrauchen Sie dasselbe Kuchenstück oder sonstige Objekt, das er in der Diagnose benutzt hat.

Erklären Sie die Orientierung als einen Zustand, bei dem er den richtigen Standort einnimmt, um die Dinge und Vorgänge der Umgebung korrekt wahrzunehmen.

Erklären Sie die Desorientierung als einen Zustand, bei dem das Gehirn nicht empfängt, was die Augen sehen oder die Ohren hören, und bei dem der Gleichgewichtssinn und der Bewegungssinn gestört sind und der Zeitsinn beschleunigt oder verlangsamt ist.

Was Sie sagen	*Was Sie tun*
Bevor wir die Sitzung beginnen, zeige ich alles kurz auf dem Papier. Dann gehen wir Schritt für Schritt durch den Prozeß.	*Nehmen Sie ein Blatt, und lassen Sie den Klienten so sitzen, daß er das Blatt gut sehen kann.*

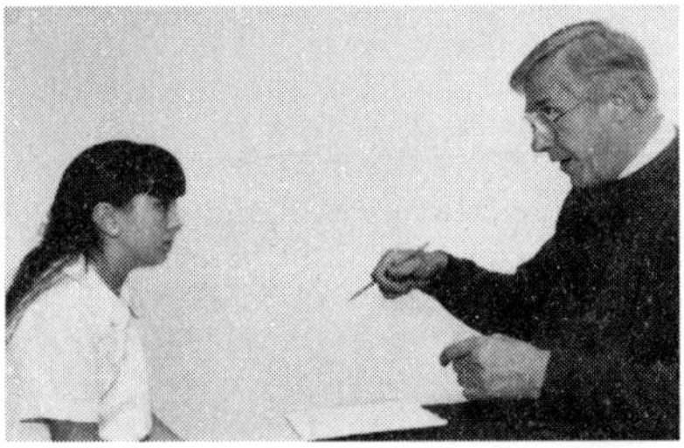

»Ich zeichne dir jetzt ein genaues Bild von dem, was wir tun werden, damit du weißt, was kommt.«

Es gibt zwei Gründe, warum wir das so machen: Erstens wollen wir keine Überraschungen, und zweitens sollst du meine Anweisungen gut verstehen.	*Notieren Sie sich den Namen des Klienten, Ihren Namen, das Datum, den Namen des Programms, welchen Gegenstand er sich vorstellen soll und ob er rechts- oder linkshändig ist.*

Was Sie sagen	*Was Sie tun*
Während ich die Übung auf dem Papier zeige, führe bitte nichts davon aus. Das würde nur Verwirrung stiften. Höre einfach nur zu. Wenn etwas nicht klar ist, frage bitte. Danach gehen wir Schritt für Schritt durch den Prozeß.	*Ziehen Sie zwei Kreise auf dem Blatt. Machen Sie aus dem einen Kreis eine »Draufsicht«, aus dem anderen eine »Seitenansicht« eines Kopfes.*
Dies sind zwei Ansichten vom selben Kopf, eine von oben, eine von der Seite.	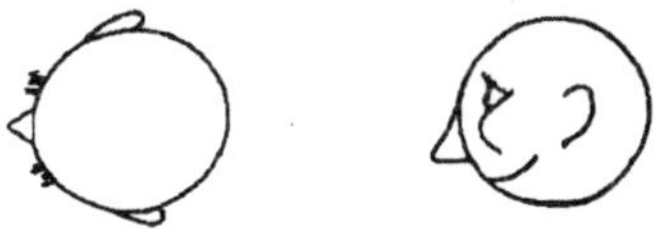
Wie bei der Diagnose stellst du dir nun vor, du hättest ein Stück ____________ -Kuchen in der Hand.	*Zeichnen Sie vor jedes Kopfbild das Kuchenstück der Diagnose. Bei der Seitenansicht sollte es sich in einem Winkel von 45 Grad unter der Augenhöhe befinden.*

Was Sie sagen	*Was Sie tun*

Verlege nun dein geistiges Auge in die Fingerspitze. Gehe damit vom Kopf zur Seite, und schaue den Kuchen von *dort* aus an.

Tragen Sie in der Draufsicht rechts (links) vom Kopf ein X ein, falls der Klient rechts-(links-)händig ist, um die Stellung des geistigen Auges anzuzeigen.

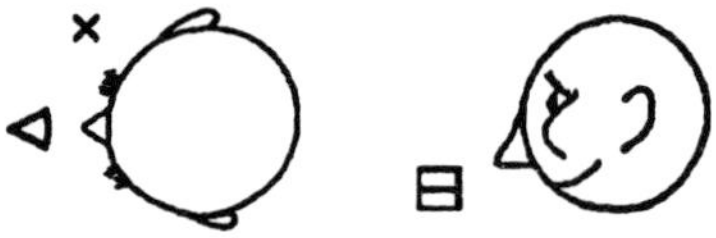

Zeichnen Sie eine Gerade vom Kuchen mitten durch die Draufsicht. Zeichnen Sie eine Gerade vom Kuchen durch die Nasenwurzel der Seitenansicht.

Sobald dein geistiges Auge in der Fingerspitze ist, stelle dir eine gerade Linie vor, die vom Kuchen aus oben an der Nase durch den Kopf geht und etwa 30 Zentimeter hinter und über dem Kopf endet.

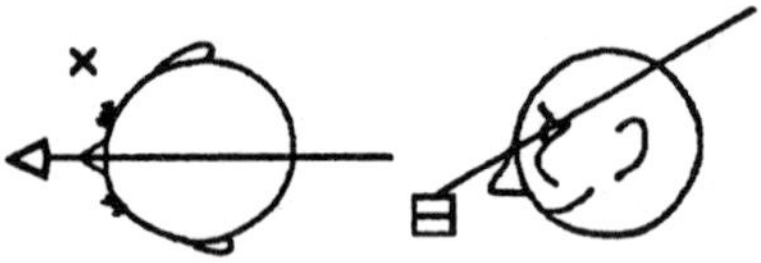

Was Sie sagen | ***Was Sie tun***

Wenn du die Gerade gezogen hast, gehe mit deinem geistigen Auge zu einem Punkt auf dieser Linie hinter dem Kopf, ein paar Zentimeter vom Kopf entfernt.

Tragen Sie in beiden Kopfbildern hinter dem Kopf ein X auf der Linie ein.

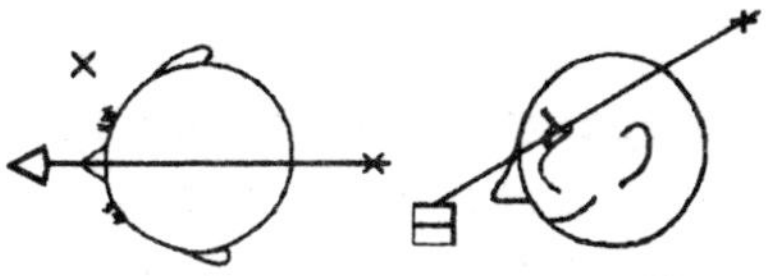

Stelle dir nun ein Boot vor. Wirf den Anker ins Wasser. Er sinkt in den Schlamm. Das Ankertau wird straff und hält das Boot an.

Vergewissern Sie sich, ob der Begriff »Ankertau« klar ist.

Wir benutzen nun dieses Bild.
Wenn dein geistiges Auge an der richtigen Stelle auf der Linie hinter und über dem Kopf ist, befestige drei Ankertaue am Kopf: eines mitten auf dem Kopf, die zwei anderen an den Seiten oberhalb der Ohren. Ziehe die Taue straff, und befestige sie alle drei an deinem geistigen Auge.

Zeichnen Sie die drei Ankertaue ein.

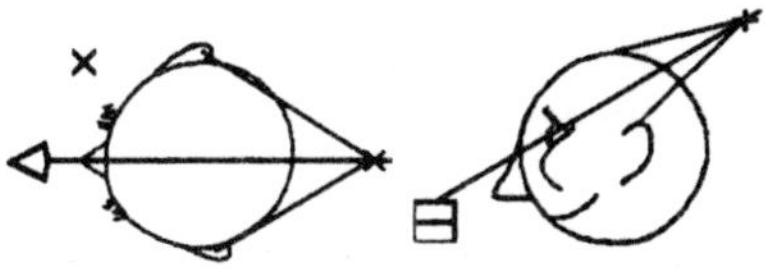

Was Sie sagen	*Was Sie tun*
Hast du eine Frage?	
Wenn die Taue das geistige Auge festhalten, brauchen wir den Kuchen und die Linie durch den Kopf nicht mehr. Laß sie also verschwinden.	*Simulieren Sie dies, indem Sie in einem der zwei Kopfbilder den Kuchen und die Linie mit einer Zickzacklinie ausstreichen.*
	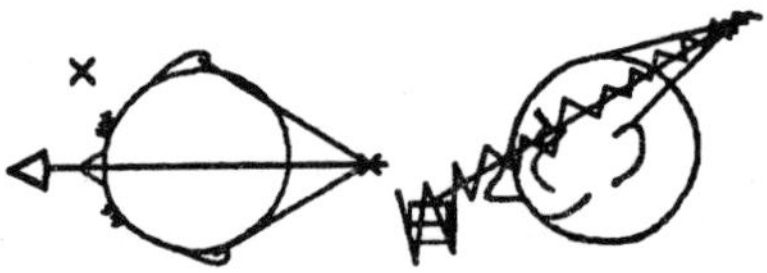
Jetzt hast du nur noch die drei Ankertaue, die oben hinter dem Kopf zusammenkommen.	*Zeichnen Sie an einer anderen Stelle des Blatts drei Geraden, die in einem Punkt zusammenkommen. Ziehen Sie um den Schnittpunkt einen kleinen Kreis.*

Was Sie sagen	*Was Sie tun*

Die Stelle, wo die drei Geraden zusammenkommen und enden, nennen wir *Orientierungspunkt*. Die drei Geraden nennen wir Ankertaue. Sie verankern nicht das geistige Auge – das ist unmöglich –, sondern den Orientierungspunkt, so daß er immer an derselben Stelle ist.

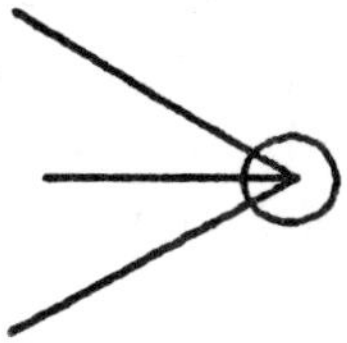

Hast du eine Frage?

Worum es uns geht, ist eine Gruppe von Nervenzellen mitten im Gehirn, die die Desorientierung verursacht. Wenn diese Zellen *ab*geschaltet sind, empfängt das Gehirn genau, was die Augen sehen, was die Ohren hören, was der Gleichgewichts-, der Bewegungs- und der Zeitsinn empfinden. Aber wenn diese Zellen *an*geschaltet sind, empfängt das Gehirn nicht, was wir sehen, hören usw., sondern was wir zu sehen, zu hören usw. glauben. Alle Sinnes-

Was Sie sagen	Was Sie tun
wahrnehmungen sind verändert. Wir brauchen daher den Schalter zum *Abschalten* dieser Zellen. Genau das ist die Orientierung. Sie schaltet die Desorientierung ab.	
Wie machen wir das? Wir bringen einfach das geistige Auge zum Orientierungspunkt. Dann sind die Gehirnzellen und die Desorientierung abgeschaltet.	*Tragen Sie am Schnittpunkt der Geraden in dem kleinen Kreis ein X ein.* 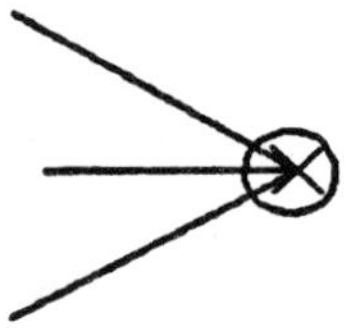
Wenn das geistige Auge *hier* ist, sind die Gehirnzellen abgeschaltet. Aber wenn etwas geschieht, was Desorientierung verursachen kann, dann bleibt das geistige Auge nicht hier, sondern bewegt sich.	*Ziehen Sie drei weitere Geraden, und tragen Sie an ihrem Schnittpunkt ein X ein.* 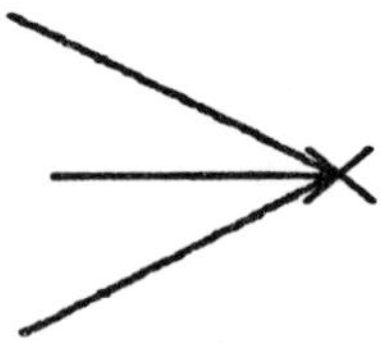

Was Sie sagen

Was Sie tun

Es geht also weg, und wir sind desorientiert. Wenn wir früher die Tätigkeit aufgaben, die uns desorientierte, etwas anderes taten, spazierengingen oder einfach lange genug warteten, kam das geistige Auge zurück, und wir waren wieder in Ordnung – bis etwas anderes eine neue Desorientierung hervorrief.

Zeichnen Sie einen Pfeil, der vom Schnittpunkt aus zur Seite weggeht.

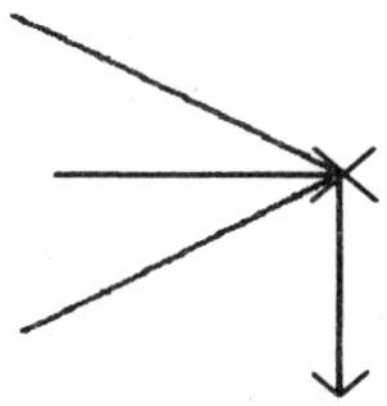

Wenn wir einen Orientierungspunkt haben, können wir das geistige Auge bewußt dahin zurückbringen. Dann hört die Desorientierung auf, und ebenso verschwindet das Gefühl der Verwirrung, und man macht weniger Fehler oder gar keine. Wir brauchen also nicht zu warten, brauchen uns nicht zu quälen oder etwas anderes zu tun.

Ziehen Sie eine Gerade zurück zum Schnittpunkt, und fahren Sie noch einmal mit dem Stift über das X.

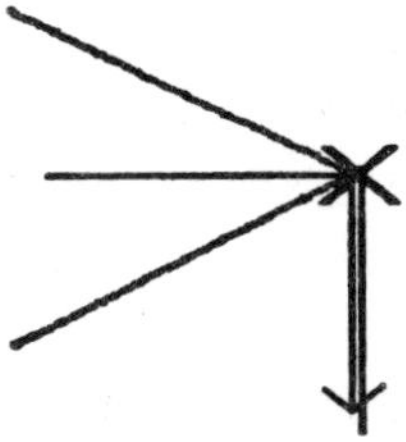

Irgendwelche Fragen?

Ziehen Sie drei weitere Geraden, die an einem Punkt enden und länger und fetter sind als die anderen.

Was Sie sagen	*Was Sie tun*

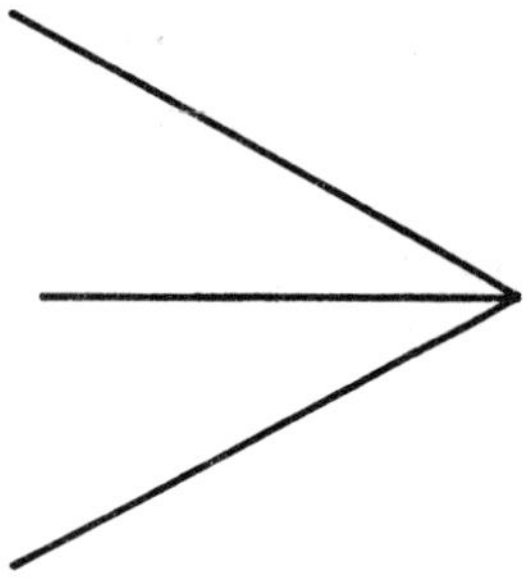

Natürlich können wir kein geistiges Auge sehen. Es kann sich nicht einmal selbst im Spiegel sehen, denn es ist unsichtbar. Wir stellen uns für den Augenblick einfach vor, daß es ein geistiges Auge ist.

Nehmen Sie einen Gegenstand, zum Beispiel eine Münze, und zeigen Sie sie dem Klienten.

Wenn wir in der Sitzung zu der Stelle kommen, wo du die drei Ankertaue befestigt hast, dann befindet sich das geistige Auge genau da, wo sie sich schneiden.

Legen Sie die Münze auf die Stelle in der Zeichnung, wo die drei Geraden zusammenkommen.

Zum erstenmal in deinem Leben hast du bewußt die Gehirnzellen abgeschaltet, die Desorientierung hervorrufen. Doch leider lernen wir nicht viel, wenn wir etwas nur einmal tun.

Was Sie sagen	*Was Sie tun*
Wenn das geistige Auge also an dem Punkt ist, dann suchen wir uns ein Ding im wirklichen Leben, das das Auge veranlaßt, von dem Punkt wegzuspringen und dich zu desorientieren.	*Schieben Sie die Münze von der Stelle weg, wo die Geraden sich treffen.*
Wenn das geschieht, bitte ich dich, dieses Ding nicht mehr anzusehen, sondern das geistige Auge zum Punkt zurückzubringen.	*Schieben Sie die Münze wieder an die Stelle zurück, wo die Geraden sich treffen.*
Die Desorientierung ist nun wieder abgeschaltet. Die Verwirrung löst sich auf. Jetzt zeige ich dir wieder das Ding, das der Anlaß war.	
Dann suchen wir uns ein weiteres Ding, das das Auge wegspringen läßt.	*Schieben Sie die Münze weg und dann wieder zurück.*

Was Sie sagen	*Was Sie tun*
Du bringst das geistige Auge zurück, und ich zeige dir, was es wegspringen ließ. Dann wiederholen wir das Ganze noch viele Male, bis du die Sache völlig im Griff hast und das geistige Auge immer schnell und mühelos zum Orientierungspunkt bringen kannst.	
Du besitzt dann die Fähigkeit, die Desorientierung abzuschalten. Was sie hervorbrachte, spielt keine Rolle. Du brauchst nur zum Orientierungspunkt zu gehen. Das ist alles. Hast du eine Frage?	
Aber jetzt gibt es noch etwas, worüber wir sprechen müssen.	
Wir nennen dies hier eine Gerade. Sie hat eine gewisse Länge, genauso wie dieser Bleistift hier. Aber wie ist es, wenn wir von einem Ende her daran entlangblicken?	*Zeigen Sie auf eins der Ankertaue in der Zeichnung.* *Nehmen Sie Ihren Bleistift.*

Was Sie sagen	*Was Sie tun*
	Zeigen Sie mit der Spitze des Bleistifts auf die Augen des Klienten.
Jetzt sieht er nicht mehr lang aus, sondern wie ein Punkt, nicht wahr?	
Wenn das geistige Auge sich *hier* befinden würde, würde es die Ankertaue gar nicht sehen, oder?	*Zeigen Sie auf die Stelle in der Zeichnung, wo die drei Ankertaue sich treffen.*
Man könnte sie als drei Punkte sehen oder als einen Punkt, wenn wir sie zusammendrücken würden. Stimmt das?	*Zeichnen Sie einen Punkt, und dann drei Punkte, die einander berühren.* 
Hast du irgendwelche Fragen zu dem, was wir jetzt tun werden?	
Wenn du keine Fragen (mehr) hast, dann laß uns anfangen!	

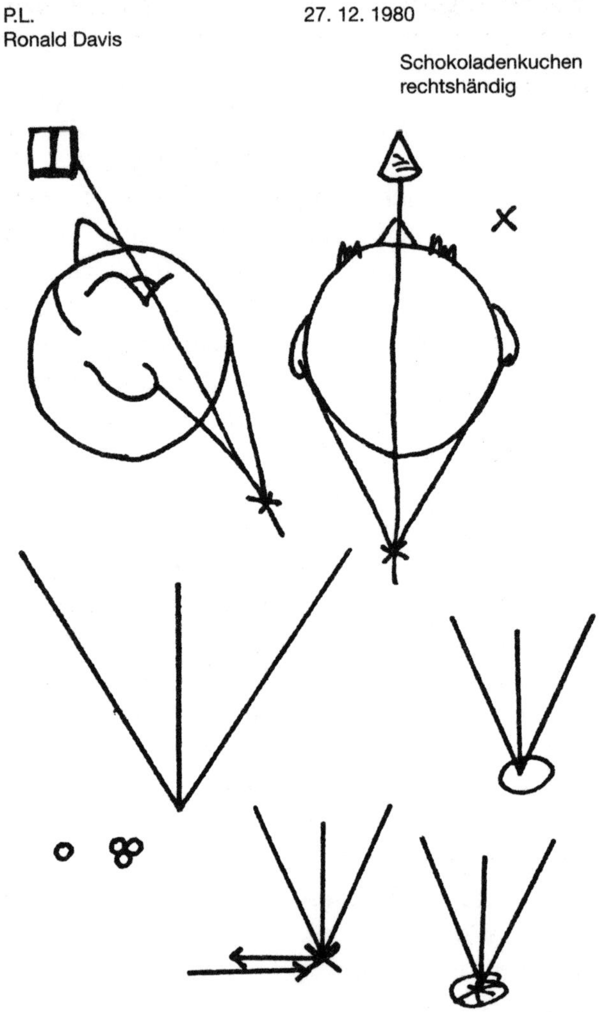

Die Zeichnungen, mit denen Sie eine Orientierungssitzung erklären, werden am Ende diesem Blatt ähneln.

Was Sie sagen	*Was Sie tun*

3. Das Verfahren

Bitten Sie den Klienten, sich Ihnen direkt gegenüberzusetzen. Sitzen Sie ihm nahe genug, um ihn berühren zu können, ohne aufzustehen, aber nicht so nahe, daß es ihm unangenehm ist.

Ist es in Ordnung, wenn ich bei der Übung deine Hände berühre?

Bitten Sie um seine Zustimmung.

Falls er rechtshändig ist, nehmen Sie seine linke Hand (oder umgekehrt) und bringen sie – Handfläche nach oben – mitten vor seine Brust.

Stell dir vor, du hättest ein Stück_____________-Kuchen in dieser Hand. Sage mir bitte Bescheid, wenn du das innere Bild hast.

Beschreiben Sie den Kuchen mit denselben Worten, mit denen der Klient ihn in der Diagnose beschrieb.

Was Sie sagen	*Was Sie tun*
Schließe nun die Augen. Halte sie geschlossen, bis ich dich bitte, sie zu öffnen.	*Wenn Sie sicher sind, daß er das geistige Bild geformt und die Augen geschlossen hat, nehmen Sie den Zeigefinger seiner anderen Hand zwischen Ihren Daumen und Mittelfinger. Bringen Sie in auf Augenhöhe neben seiner Stirn an die Stelle, wo Sie in der ursprünglichen Zeichnung das X neben den Kopf gemacht haben.*
Bringe nun dein geistiges Auge *hierhin*, wo der Finger ist, und blicke von *hier* aus auf den Kuchen.	*Berühren Sie seine Fingerspitze mit Ihrer Fingerspitze, wenn sie »hierhin« sagen.*
Es ist dasselbe, wie wenn du dich hinüberbeugen und von *hier* aus blicken würdest.	*Berühren Sie wieder den Finger. Warten Sie ein paar Sekunden ...*
Kannst du den Kuchen von *hier* aus sehen?	*Berühren Sie den Finger. Falls er bejaht, gehen Sie weiter.*

Was Sie sagen	*Was Sie tun*
Stelle dir eine Gerade vor, die vom Kuchen aus an der Nasenwurzel durch den Kopf geht und hinten oben herausguckt.	
Hast du das?	*Bestätigen Sie, daß die Gerade da ist.*
Ich bewege jetzt den Finger. Das geistige Auge kommt mit.	ACHTUNG: *Bewegen Sie den Finger nicht, während Sie reden. Geben Sie Ihre Anweisung,* bevor *Sie den Finger bewegen, und sprechen sie nicht, solange Sie den Finger bewegen.*
Ich möchte nun dein geistiges Auge auf die Gerade oben hinter dem Kopf bringen. Ich bewege also den Finger. Laß das geistige Auge mitkommen.	*Sie müssen aufstehen, um dort oben hinzureichen. Machen Sie das langsam und ruhig. Treten Sie dem Klienten nicht zu nahe.*

Was Sie sagen	*Was Sie tun*

Ich kann die Gerade nicht sehen. Nur du kannst sie sehen. Du mußt also selbst dafür sorgen, daß das Auge genau auf der Linie ist.

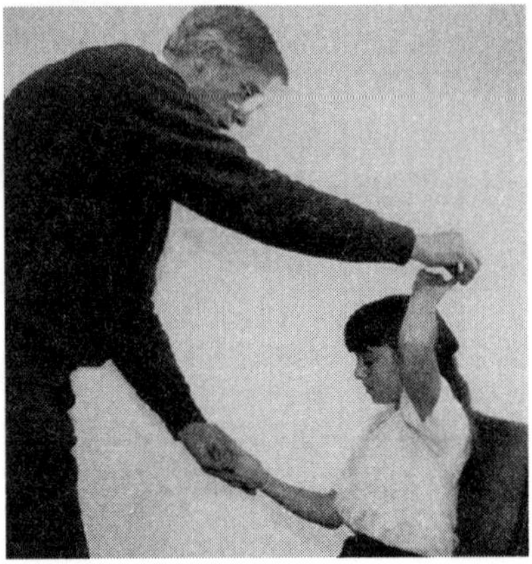

Bewegen Sie den Finger langsam *und* gleichmäßig *nach oben, bis er 15–20 cm vom Kopf entfernt auf der Linie ist.*

Lassen Sie den Finger los, so daß der Klient ihn frei bewegen kann. Er braucht vielleicht ein paar Sekunden, um die genaue Stelle zu finden. Wenn er aufhört, den Finger zu bewegen, nehmen Sie ihn wieder.

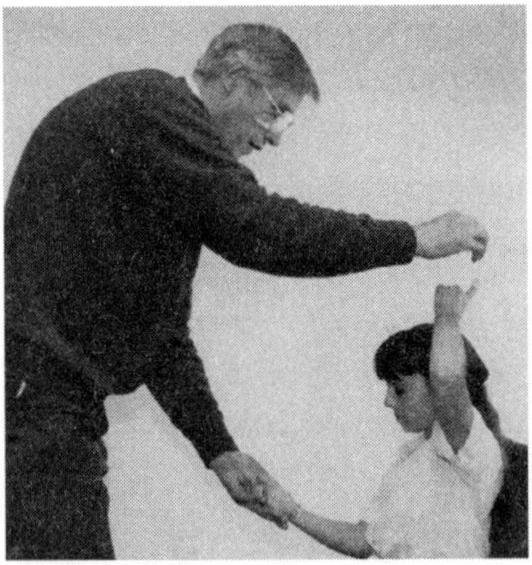

»Du mußt jetzt selber darauf achten, daß du dein geistiges Auge genau auf die Linie bringst.«

Was Sie sagen	*Was Sie tun*
	Achten Sie darauf, daß der Finger in der Symmetrieebene des Körpers ist. (Geschieht selten.)
	Falls er dort ist, gehen Sie weiter.
[Er scheint nicht ganz in der Mitte zu sein. Ist es in Ordnung, wenn ich ihn ein bißchen bewege?]	*[Bringen Sie den Finger in die Symmetrieebene, ohne seine Entfernung vom Kopf zu ändern.]*
Ziehe die Gerade bis *hierher*, und sage mir Bescheid, wenn du das hast.	*Berühren Sie den Finger, wenn Sie »hierher« sagen.*

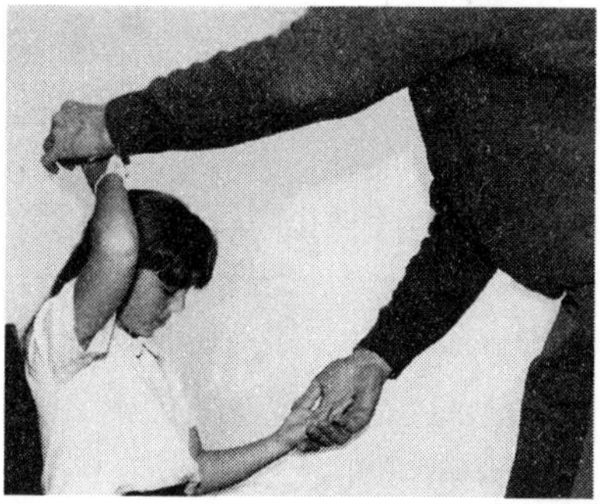

»Bringe die Linie hierhin.«

Bringen Sie den Finger auf die Mittellinie, und berühren Sie ihn.

Was Sie sagen	*Was Sie tun*
Kannst du deine Ohren von *hier* aus sehen? Kannst du durch dein Haar hindurchsehen?	*Berühren Sie den Finger, wenn Sie »hier« sagen.* *Falls der Klient bejaht, gehen Sie weiter.* *[Falls er verneint, lassen Sie den Klienten »fühlen«, wo die Ohren sind. Wenn nötig, kann er sie mit der Hand berühren, die den Kuchen hält. Wenn er sie auch jetzt noch nicht sieht, soll er versuchen, sich vorzustellen, wo sie sind, und sich ein Bild davon machen.]*
Befestige nun zwei Ankertaue oberhalb der Ohren seitlich am Kopf und eins auf dem Kopf. Ziehe sie straff *hierher*, wo der Finger ist, und binde sie *hier* fest zusammen.	*Berühren sie den Finger, wenn Sie »hierher« sagen.* *Bestätigen Sie, daß es geschehen ist.*

Was Sie sagen	*Was Sie tun*
Ich möchte jetzt deinen Finger bewegen, aber ohne daß das Auge mitkommt. Einverstanden?	*Bitten Sie um seine Zustimmung.*
Während ich den Finger bewege, soll das Auge am Schnittpunkt der drei Ankertaue bleiben.	*Bewegen Sie den Finger ein paar Zentimeter zur Seite.*
Ist das geistige Auge am Schnittpunkt geblieben?	*Falls der Klient bejaht, bringen Sie den Finger zurück auf den Schenkel, lassen ihn los und setzen sich.*
	[Falls er verneint, bringen Sie den Finger zurück zum Schnittpunkt.]
[Nimm das geistige Auge aus dem Finger, und laß es am Schnittpunkt, wenn ich den Finger bewege.]	*[Wiederholen Sie diesen Schritt, bis das geistige Auge am Schnittpunkt bleibt.]*

Was Sie sagen	*Was Sie tun*
Wir brauchen die Gerade, die zum Kuchen runtergeht, und den Kuchen nicht mehr. Laß sie verschwinden, und sage mir Bescheid, wenn sie weg sind.	
Welche Farbe haben die drei Ankertaue?	*Notieren Sie sich die Farbe für später:* ----------------------------------
Bringe das geistige Auge an die Stelle, wo die drei farbigen Ankertaue sich treffen. Sage mir Bescheid, wenn es da ist.	
Siehst du drei Punkte? Oder einen?	*Notieren Sie es sich:* ----------------------------------
Haben sie dieselbe Farbe wie die Ankertaue?	*Notieren Sie es sich:* ----------------------------------
Dein geistiges Auge sieht jetzt, was es sehen sollte, wenn es am Orientierungspunkt ist. Du kannst nun jederzeit mit dem geistigen Auge sehen. Wenn es sieht, was es jetzt sieht, dann weiß du, daß du dich am Orientierungspunkt befindest.	

Die Ankertaue, die der Legastheniker im Orientierungstraining nach Ronald Davis anbringt, laufen an einem Punkt zusammen, der auf der Symmetrieebene des Körpers liegt und sich bei einem Neigungswinkel von 45 Grad etwa 15 bis 25 Zentimeter oben hinter dem Kopf befindet.

Was Sie sagen	*Was Sie tun*
Wenn dein geistiges Auge nicht sieht, was es *jetzt* sieht, weiß du, daß es nicht am Orientierungspunkt ist und daß du es zu dem Punkt zurückbringen mußt, damit es sieht, was es *jetzt* sieht. Hast du irgendwelche Fragen?	
Öffne die Augen. Hat es sich bewegt, als du die Augen aufmachtest?	*Falls der Klient verneint, gehen Sie weiter.*
	[Falls er bejaht, sagen Sie ihm, er solle es zurückbringen.]
[Bringe es zurück.]	
	[Falls er es nicht weiß, soll er die Augen schließen und nachprüfen.]
[Schließe die Augen, und prüfe nach.]	

Was Sie sagen	*Was Sie tun*
4. Erklärung	
Ich kann dein geistiges Auge und die Ankertaue nicht sehen. Wäre ich nicht dabeigewesen, wüßte ich nicht einmal, daß du sie hast. Wenn *ich* es nicht weiß, dann weiß es auch sonst keiner. Nur *du* weißt es. Du brauchst keine Angst zu haben, daß irgendeiner denkt, du wärst komisch. Und es soll dich auch nicht kümmern, daß du etwas machst, was andere nicht können.	
Das geistige Auge kann man nicht berühren; nichts kann es berühren.	
Mache dir keine Sorgen. Nichts kann ihm etwas anhaben. Du kannst nicht an Wänden oder Türen damit anstoßen. Du bleibst nirgendwo damit hängen. Es geht durch alles hindurch, als gäbe es gar keine festen Dinge.	*Schwenken Sie Ihre Hand oben hinter Ihrem Kopf.*

Was Sie sagen	*Was Sie tun*

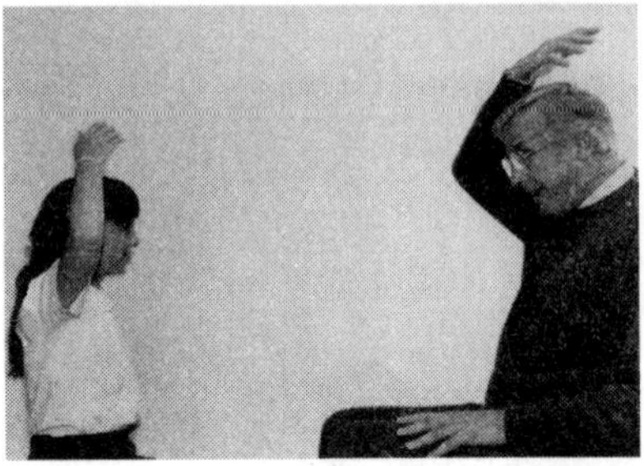

»Du brauchst keine Angst zu haben, daß du das Auge von hier weghaust oder daß jemand deine Ankertaue sieht.«

Wenn dein geistiges Auge am Orientierungspunkt ist, halten die Ankertaue es fest. Egal, wie schnell du dich bewegst, du kannst es nicht verlieren. Egal, wie schnell du den Kopf drehst, es fliegt nicht weg. Es sitzt einfach da und geht überall mit hin, wo Kopf und Ohren hingehen.

Hast du eine Frage?

Weißt du, was das Wort »Verantwortung« bedeutet?	*Egal, ob der Klient ja oder nein sagt, erklären Sie den Begriff.*

Was Sie sagen	*Was Sie tun*
Ich kann dir eine (einfache/einfachere) Definition geben. Verantwortung ist die Fähigkeit und Bereitschaft, die Kontrolle über etwas zu übernehmen. Kontrolle im einfachsten Sinn ist die Fähigkeit, etwas zu ändern oder es daran zu hindern, sich zu ändern.	
Da ich deine Hand nehmen und bewegen kann, ändere ich etwas an deinem Körper. Es geschieht ohne dein Zutun. *Ich* bin dafür verantwortlich, nicht *du*, denn du hast nichts geändert, nicht wahr?	*Nehmen Sie eine Hand des Klienten, und bewegen Sie sie ein bißchen.*
Aber ich kann nicht dein geistiges Auge nehmen und es bewegen. Niemand kann das. Kein Mensch, kein Tier, keine Maschine, nichts auf dieser Erde kann das Auge auch nur ein Millionstel eines Zentimeters bewegen. Aber *du* kannst es überall hinbringen, wo du es haben willst. Das heißt, du hast	

Was Sie sagen	*Was Sie tun*
volle Kontrolle darüber und auch volle Verantwortung dafür, wo das Auge ist und was es tut.	
Stimmt das?	
Und wenn das Auge weggeht und du desorientiert wirst, dann bist du es, der (die) das tut. Als du noch klein warst, hast du es so eingerichtet, daß das Auge jedesmal, wenn du verwirrt genug warst, automatisch wegging und die Verwirrung loszuwerden suchte. Falls du von einem wirklichen Gegenstand verwirrt warst, klappte das, die Verwirrung verschwand. Aber bei Symbolen ging es nicht, und alle Wörter sind Symbole. Die Bewegung des Auges machte die Verwirrung dann noch schlimmer.	
Jetzt hast du ein Problem. Dein geistiges Auge springt jedesmal, wenn du verwirrt wirst. Das willst du jetzt aber	

Was Sie sagen	*Was Sie tun*
nicht mehr. Aber das Auge wird nach wie vor springen. Wenn du versuchst, es am Punkt festzuhalten, während du gleichzeitig automatisch versuchst, es zu bewegen, dann kriegst du Kopfschmerzen.	
Ich kenne nur eine Lösung dafür: Laß es springen, und dann bringe es zurück. Das ist deine Aufgabe, deine Verantwortung. Jedesmal, wenn es springt, bringe es zurück.	
Hast du irgendwelche Fragen?	
Ist dein geistiges Auge noch am Orientierungspunkt?	*Falls ja, gehen Sie weiter.*
	[Falls nein, bitten Sie ihn, es zurückzubringen.]
[Bringe es zurück.]	
Wenn wir den Orientierungspunkt bekommen haben, bleibt unser geistiges Auge anfangs nicht einfach dort, sondern schwebt um ihn herum. So	

Was Sie sagen	*Was Sie tun*
geht es jedem. Wir nennen es »driften«.	
Sobald die Kontrolle über das geistige Auge zur Gewohnheit geworden ist und man es mühelos zum Orientierungspunkt bringen und dort lassen kann, hört das Driften auf, und das Auge bleibt einfach da.	
Versuche nicht, das Auge dort festzuhalten. Laß es driften. Bringe es ab und zu dorthin, und überlasse es dann sich selbst. Wenn du versuchst, es dort festzuhalten, verlängerst du nur die Driftphase.	
Hast du irgendwelche Fragen?	
5. Orientierungsübung	
	Wählen Sie je nach der Orientierungsgeschichte des Klienten eine Tätigkeit, die ihn desorientiert (zum Beispiel Lesen). Wenn Zeichen

Was Sie sagen	*Was Sie tun*
	von Desorientierung und Fehler auftreten, bitten Sie ihn aufzuhören.
Hat das Auge sich bewegt?	*Falls der Klient verneint, machen Sie weiter mit der Tätigkeit, bis das Auge sich bewegt.* *[Falls er es nicht weiß, bitten Sie ihn nachzuprüfen.]*
[Schau mit dem geistigen Auge, und sieh mal nach, ob es den Punkt/die Punkte sieht.] Bringe es zurück.	*Wenn es sich bewegt hat, bitten Sie ihn, es zurückzubringen.* *Dann weisen Sie auf den Reiz hin, der die Desorientierung ausgelöst hat.* *Fahren Sie in dieser Weise fort, bis er das Auge schnell und mühelos zum Orientierungspunkt zurückbringen kann und sieht, daß es von Vorteil ist.* *Wenn er diese Fähigkeit erlangt hat, ist die Sitzung abgeschlossen.*

Weisen Sie auf jedes Wort hin, das Desorientierung auslöst.

28
Loslassen und überprüfen

Während Legastheniker die Orientierung erlernen, wird ihnen klar, *daß sie keine Fehler machen, solange das geistige Auge stillsteht.* Der orientierte Zustand wird ihnen immer bewußter, und sie merken, daß sie immer desorientiert werden, wenn das geistige Auge sich bewegt. Sobald sie desorientiert sind, machen sie einen Fehler oder greifen automatisch zu einer »alten Lösung«.

Man möchte daher annehmen, daß der nächste logische Schritt darin besteht, eine Methode zu entwickeln, mit der sich das geistige Auge am Orientierungspunkt festhalten läßt. Das ist sogar ganz einfach, und die meisten Legastheniker versuchen es. Doch bei Legasthenikern führt dies leicht zu Kopfschmerzen.

Der Grund dafür ist wahrscheinlich, daß das geistige Auge sich nicht von allein bewegt. Der Legastheniker bewegt es unbewußt. Es ist eine tiefsitzende Gewohnheit. Die Tatsache, daß er die Orientierung erlernt und die Vorteile des stillstehenden geistigen Auges erfährt, hält ihn nicht davon ab, diese natürliche Reaktion auf Zustände der Verwirrung anzuwenden.

Wenn er sich verwirrt, wird er versuchen, das geistige Auge zu bewegen, während er gleichzeitig versucht, es daran zu hindern, sich zu bewegen – er wird also gegen sich selbst arbeiten. Wir nennen dies *festhalten.* Es erzeugt Verspannung, und diese bringt Kopfschmerzen mit sich.

Man kann ihm aber auch nicht einfach sagen, er solle das geistige Auge nicht am Orientierungspunkt festhalten. Das klappt nicht. Es ist dasselbe, wie wenn man ihm sagte, er solle nicht an einen Elefanten denken: Es würde ihn nicht davon abhalten, sondern ihn dauernd daran erinnern, so daß er es um so mehr täte. Je mehr man versucht, nicht festzuhalten, desto mehr tut man es.

Außerdem besteht kein Grund, warum Legastheniker sich nicht desorientieren sollen, wenn es passend und nützlich ist.

Wenn jemand das geistige Auge starr am Orientierungspunkt festhält, wird er sich gewöhnlich im Nacken reiben. Wenn Sie das sehen, ist es Zeit, daß Sie mit der *Übung des Loslassens* eingreifen.

Zeichen von Festhalten:

→ Der Klient klagt über Kopfschmerzen.
→ Er reibt sich im Nacken.
→ Seine Haut wird blaß.
→ Er runzelt die Augenbrauen.
→ Er sieht verkrampft und gequält aus.

Das Loslassen üben

Gehen Sie mit dem Klienten die Übung des Loslassens durch, indem Sie ihm die einzelnen Schritte der Reihe nach vorlesen. Achten Sie darauf, daß er jeden Schritt ausführt, bevor der nächste Schritt an der Reihe ist. Falls er sagt, er könne es nicht oder sei sich nicht sicher, ob er den Schritt ausgeführt habe, sagen Sie: »Stell dir vor, wie es wäre, wenn du es machen würdest.«

→ Balle die Hand zur losen Faust – nicht zu fest. Bringe einfach nur die Finger in die Handfläche. Denke jetzt den Gedanken »offene Hand«, aber anstatt die Hand zu öffnen, ballst du die Faust nur um so fester.

→ Denke wieder den Gedanken »offene Hand«, und presse die Faust noch fester zusammen.

→ Denke abermals den Gedanken »offene Hand«, und mache die Faust ganz, ganz fest, bis zum Ellbogen hinauf.

→ Jetzt laß die Faust ohne alles Denken einfach los. Laß die ganze Hand los. Laß die Finger in ihre natürliche Haltung zurückkehren.

→ Fühle die Empfindung, die deinen Arm hinunter durch die Hand bis zu den Fingerspitzen läuft. Es ist das Gefühl des *Loslassens*. Wenn wir von *Loslassen* sprechen, meinen wir genau dieses Gefühl. – Das Gefühl des Loslassens ist auch dasselbe Gefühl wie das Gefühl eines Seufzers.

→ Seufze jetzt. Atme ein, und halte den Atem ein oder zwei Sekunden an. Laß dann die Luft mit einem »Hach«-Laut, der aus Nase und Kehle kommt, aus dem Mund fahren. – Ein kleiner Seufzer bringt ein Gefühl von Loslassen in den oberen Teil der Brust. Ein großer Seufzer kann dieses Gefühl bis in die Finger- und Zehenspitzen bringen.

→ Seufze jetzt ganz tief. Laß das Gefühl durch den ganzen Körper strömen. Laß es im Körper verweilen.

→ Laß dieses Gefühl jetzt auch das geistige Auge durchströmen. Das geistige Auge kann dieses Gefühl haben. Es sollte sich so fühlen.

→ Laß dieses Gefühl jetzt vom geistigen Auge in den Kopf und den Nacken fließen. Die Nackenmuskeln entspannen sich nun. Du spürst, wie sie sich lösen.

Falls der Klient Kopfschmerzen hat, üben Sie Nachfolgendes, bevor Sie weitergehen:

Laß dieses Gefühl jetzt vom geistigen Auge aus direkt in den Kopfschmerz hineinfließen. Laß den Kopfschmerz ganz vollaufen mit dem Gefühl des Loslassens. Mache das, bis der Kopfschmerz ganz verschwindet.

→ Wenn du in Zukunft das geistige Auge zum Orientierungspunkt zurückbringen mußt, dann laß es immer los, sobald es dort ist. Überlasse es sich selbst. Es geht nicht weg, es bleibt einfach da. Du brauchst es nicht festzuhalten.

→ Wenn du das geistige Auge zurückbringen mußt, dann laß immer das Gefühl des Loslassens in es einströmen. Es treten dann keine Kopfschmerzen mehr auf, und die »alten Lösungen« werden nicht mehr aktiv.

Wenn der Klient dieses Loslassen erlernt hat, brauchen Sie die Übung nicht mehr zu wiederholen. Erinnern Sie ihn einfach daran loszulassen, wenn Sie merken, daß er festhält, sich konzentriert, sich verspannt oder sich stark anstrengt.

Überprüfung der Orientierung

Nach einigen Stunden kann der Orientierungspunkt, der in der ersten Orientierungssitzung festgelegt wurde, seinen Ort wechseln. Sie müssen das vorher von Zeit zu Zeit nachprüfen und gegebenenfalls die alte Position wiederherstellen.

Bitten Sie einfach den Klienten, mit dem Finger an die Stelle zu gehen, *wo der Orientierungspunkt ist.* Dabei sage ich meistens: »In der ersten Orientierungssitzung hast du einen Punkt bekommen. Wir nannten ihn Orientierungspunkt. Es ist der Ort, wo die drei Ankertaue in einem Punkt zusammenkommen. Kannst du deine Finger zu der Stelle bringen, wo dieser Punkt ist?«

Wenn der Klient das tut, prüfen Sie, ob der Finger in der Symmetrieebene des Körpers und 15 bis 25 Zentimeter oben hinter dem Kopf ist. Wenn der Finger an der richtigen Stelle ist, sagen Sie: »Gut, gebrauche immer diesen Punkt, dann ist alles in Ordnung.«

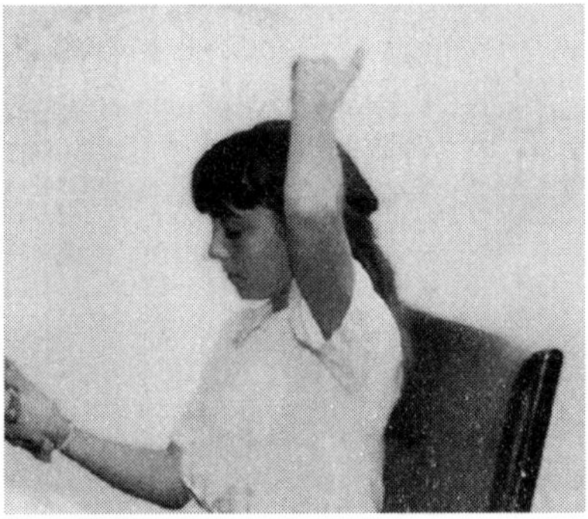

Die richtige Stelle

Das geistige Auge sitzt zu tief und rechts von der Mitte.

Wenn der Finger nicht an der richtigen Stelle ist, fragen Sie ihn, ob Sie eine kleine Korrektur vornehmen dürfen. (Niemand hat das je abgelehnt.)

Nehmen Sie seinen Finger zwischen Ihren Daumen und Mittelfinger, und bringen Sie ihn ruhig und langsam zurück zur Symmetrieebene. Berühren Sie seine Fingerspitze mit Ihrem Zeigefinger, und sagen Sie: »Bringe den Punkt hierhin, indem du die Ankertaue auf diesen Punkt hinziehst. Sage mir Bescheid, wenn du damit fertig bist.« Berühren Sie noch einmal den Finger.

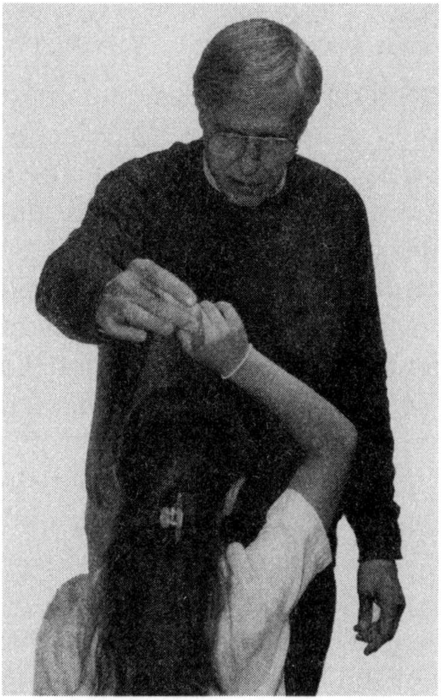

Bringen Sie den Punkt und die Ankertaue zur Mittellinie.

Wenn er sagt, der Punkt sei nun da, wo Sie ihn haben wollen, sagen Sie: »Gut, gebrauche immer diesen Punkt, dann ist alles in Ordnung.«

Falls der Punkt selbst nach dieser Korrektur nicht aufhört, sich immer wieder zu verlagern, sagen Sie dem Klienten: »Setze die Ankertaue so, daß sie sich nicht mehr bewegen.«

Verwenden Sie die Überprüfungsmethode nur, bis Sie zu der Feineinstellungsübung im nächsten Kapitel kommen. Wenn Sie die Feineinstellung durchgeführt haben, ist es nicht mehr angebracht, diese Methode der Überprüfung des Orientierungspunktes zu benutzen.

29
Feineinstellung

Die Feineinstellung ist eine Methode, mit der der orientierte Legastheniker seinen *optimalen Orientierungspunkt* finden kann. Der Ausdruck ist der Gerätetechnik entlehnt, wo er die präzise Einstellung eines Geräts, zum Beispiel eines Radios, bedeutet, dessen Knopf man so lange hin- und herdreht, bis man den besten Empfang erhält.

Dasselbe kann man mit dem geistigen Auge machen. Indem man es um den vorhandenen Orientierungspunkt herumbewegt, kann man den besten Ort für die Orientierung finden.

Dabei sollte man die folgenden Gesichtspunkte beachten: Die Feineinstellung wird am besten vorgenommen, wenn der orientierte Legastheniker wenigstens zwei Tage lang Erfahrungen mit der Orientierung gemacht hat. Und die Feineinstellung sollte erst versucht werden, wenn alles Driften (oder minimale Umherschweben des geistigen Auges) völlig aufgehört hat.

Während der Feineinstellung kann das geistige Auge sich in alle Richtungen bewegen, also nicht nur vor und zurück. Und wenn das Auge sich bewegt, fühlt der Legastheniker sich immer aus dem Gleichgewicht. Die Feineinstellung wird durchgeführt, indem man das geistige Auge ein ganz kleines Stück verschiebt und dann innehält und prüft, wie sich die neue Situation anfühlt.

Es gibt zwei Merkmale, an denen der Klient erkennen kann, ob er seinen optimalen Orientierungspunkt gefunden hat. Erstens fühlt er sich vollkommen im Gleichgewicht. Er kann ganz ruhig auf einem Bein stehen, ohne irgendeinen Körperteil zu bewegen. Er kann diese Stellung einhalten, bis die Muskeln ermüden. Und dann kann er mühelos auf das andere Bein überwechseln, ohne das Gleichgewicht zu verlieren. Zweitens erlebt er ein tiefes Wohlgefühl, das Gefühl vollkommenen Wohlbehagens. Ich nenne es die *Zone des Wohlgefühls*.

Während der Feineinstellung bewegen Klienten oft das geistige Auge durch die Zone des Wohlgefühls hindurch. Wenn dies geschieht, erleben sie einen Moment lang das Gefühl des Wohlgefühls. Sie lächeln kurz und sehen erleichtert aus. Aber wenn sie das geistige Auge nicht an dieser Stelle ansiedeln, verschwindet das Gefühl so schnell, wie es kam.

Am Beginn der Übung befindet sich das geistige Auge oben hinter dem Kopf. Bei den Bewegungen des Auges gerät der Körper aus dem Gleichgewicht, und je nach der wechselnden Beziehung zwischen dem geistigen Auge und dem Körper hat man ein spezielles körperliches Empfinden:

1. Wenn das geistige Auge sich links von der Symmetrieebene des Körpers befindet, hat man das Gefühl, nach links zu kippen.
2. Wenn das geistige Auge sich rechts von der Symmetrieebene des Körpers befindet, hat man das Gefühl, nach rechts zu kippen.
3. Wenn das geistige Auge zwar auf der Symmetrieebene, aber zu weit hinten liegt, hat man das Gefühl, nach hinten zu kippen.
4. Wenn das geistige Auge zwar auf der Symmetrieebene, aber zu weit vorn liegt, hat man das Gefühl, nach vorn zu kippen.
5. Wenn das geistige Auge zu tief liegt, hat man das Gefühl, nach hinten zu kippen.

6. Wenn das geistige Auge zu hoch liegt, hat man das Gefühl, nach vorn zu kippen.
7. Wenn das geistige Auge sich vor der Mittelachse des Körpers befindet, sind 1. und 2. vertauscht.

Mit Hilfe dieser Hinweise kann der Klient den optimalen Orientierungspunkt finden.

Er führt die Feineinstellung durch, indem er das geistige Auge langsam im engeren Umfeld des vorhandenen Orientierungspunktes bewegt und an verschiedenen Stellen anhält. Er macht dies, bis er das Gefühl vollkommenen Gleichgewichts und tiefen Wohlgefühls erreicht.

Gebrauchen Sie auch hier wieder Ihre eigenen Worte.

Was Sie sagen	*Was Sie tun*
	Erklären Sie, wie die Feineinstellung beim Radio vor sich geht und wie man sie benutzen kann, um die optimale Orientierung zu finden.
Halte die Augen offen bei dem, was wir jetzt tun werden.	
	Finden Sie einen Platz, von dem aus man eine weite Aussicht hat, zum Beispiel ein Fenster. Bitten Sie den Klienten, dort zu stehen und hinauszuschauen.

Was Sie sagen	*Was Sie tun*
Bringe dein geistiges Auge zum Orientierungspunkt.	*Lassen Sie ihn prüfen, ob das Auge am Orientierungspunkt ist.*

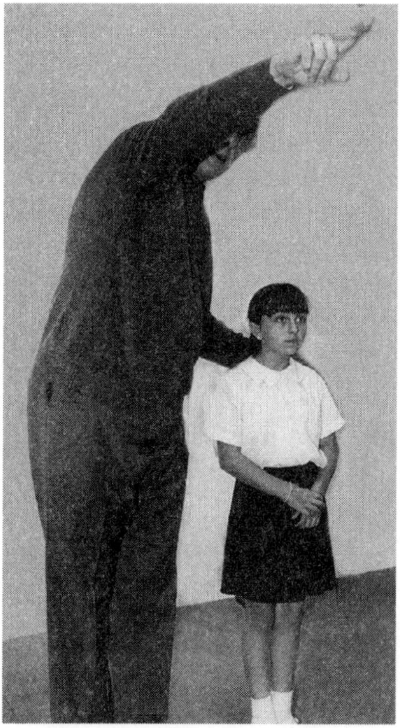

»Schau auf das Bild dort.«

Stellen Sie sich neben ihn, und weisen Sie auf eine bestimmte Stelle in der Aussicht hin, die in etwa auf der Augenhöhe liegt.

Was Sie sagen	*Was Sie tun*

Während du mit den Augen diese Stelle anschaust, stehe auf einem Bein.

»Blicke auf den Punkt dort, und steh dabei ruhig auf einem Bein.«

ACHTUNG: *Es spielt keine Rolle, auf welchem Bein er steht. Er kann auch das Bein wechseln.*

Was Sie sagen	*Was Sie tun*

Fassen Sie ihn sachte bei den Schultern, lassen Sie ihn dann los, doch ohne die Hände weit von den Schultern wegzunehmen.

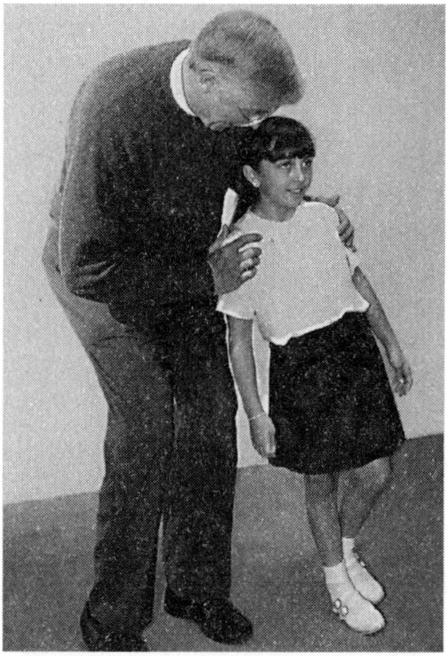

»Gib dem geistigen Auge einen Schubs – und paß auf, was dann passiert!«

Schiebe jetzt das geistige Auge vom Punkt weg auf mich zu, und beobachte, wie das dein Gleichgewicht beeinflußt. Keine Angst, ich lasse dich nicht fallen.

[Falls er nicht gegen Ihre Hände kippt ...]

[Gib dem Auge einen guten Schubs. Ich lasse dich nicht fallen.]

Was Sie sagen	*Was Sie tun*
	ACHTUNG: *Es ist wichtig, daß er fühlt, daß er das Gleichgewicht verliert und in dieselbe Richtung kippt wie das Auge.*
Bringe das geistige Auge zurück zum Punkt, und stehe wieder auf beiden Beinen.	
	Weisen Sie auf eine andere Stelle hin, die näher und 45 Grad unter der Augenhöhe liegt.
Neige den Kopf nach vorn, und blicke direkt auf die Stelle dort. Stehe nun auf einem Bein.	
Bewege jetzt das geistige Auge genauso wie bei der Feineinstellung eines Radios herum, und finde den Ort, an dem dein Körper sich völlig im Gleichgewicht befindet.	

»Schau auf die Münze, die ich auf den Boden geworfen habe, und steh ruhig auf einem Bein.«

Was Sie sagen	*Was Sie tun*
Vorsicht: Wenn das Auge sich bewegt, bist du nicht im Gleichgewicht. Bewege es nur wenig, halte dann an, und prüfe. Du wirst es wissen, wenn du den richtigen Punkt hast – das Gefühl, das damit verbunden ist, ist untrüglich.	ACHTUNG: *Dieser Schritt dauert so lange, wie er dauert. Der Klient findet den optimalen Orientierungspunkt vielleicht nicht gleich beim ersten Versuch.*
	Lassen Sie ihn so lange weitermachen, bis er dem optimalen Punkt wenigstens nahe kommt.
	Wenn er ihn gefunden hat oder ermüdet und dem Punkt sehr nahe ist, beenden Sie den Prozeß wie folgt:
Bleibe mit dem geistigen Auge genau dort, wo es jetzt ist, und stehe wieder auf beiden Beinen.	
Bleibe dort mit dem Auge, und bringe die Enden der Ankertaue genau an diese Stelle. Du bringst jetzt nicht das Auge zum Punkt, sondern den Punkt zum Auge.	

Was Sie sagen	*Was Sie tun*
Straffe die Ankertaue, und laß sie da, wo sie jetzt sind, steif und fest werden, etwa so, wie Beton sich setzt und hart wird. Der Punkt ist nun genau da, wo er sein soll, und wird sich nicht bewegen.	*Bestätigen Sie, daß es so ist.*

Sagen Sie dem Klienten, er solle dies mindestens einmal am Tag machen, damit der Orientierungspunkt immer an der besten Stelle sei. Erklären Sie, daß die optimale Stelle sich von Zeit zu Zeit spontan verschiebt und daß er sich dem neuen Punkt mit Hilfe der Feineinstellung anpassen muß.

Nach der Feineinstellung sollten Sie den Klienten nicht mehr bitten, mit dem Finger an den Orientierungspunkt zu gehen. Er würde ihn wahrscheinlich nicht finden und nur verwirrt werden.

Bei späterer Überprüfung der Orientierung braucht der Klient nur in einem Winkel von 45 Grad nach unten zu schauen und auf einem Bein zu stehen, um zu zeigen, daß er im Gleichgewicht ist.

Es gibt nur einen optimalen Orientierungspunkt, an dem alle Sinneswahrnehmungen ganz exakt sind. Aber es gibt andere Orientierungspunkte, einen oder mehrere für jeden einzelnen Sinn, an denen der jeweilige Sinn ganz präzise wahrnimmt. Der optimale Punkt für das Gleichgewicht liegt 60 Zentimeter oder höher mitten über dem Kopf, ein wenig vor dem Zentrum der Schwerkraft.

30
Koordination

Wenn die Feineinstellung erlernt ist, gibt es eine schnelle und einfache Methode, mit der man Schwierigkeiten, die mit der Verwechslung von links und rechts zu tun haben, ein für allemal loswerden kann. Diese Prozedur läßt sich auch gut auf die im 11. Kapitel beschriebene Dyspraxie anwenden. Wir nennen diese Übung Wabbelballtherapie (englisch *koosh ball*), denn wir benutzen dazu die leichten, wabbeligen, aus Gummiband gemachten Spielbälle. Andere Bälle, wie zum Beispiel Tennisbälle oder Tischtennisbälle, empfehlen wir nicht, da sie einem zu leicht aus der Hand springen, bevor man sie richtig zu packen kriegt.

Man kann die Übung von Zeit zu Zeit durchführen, sobald man die im vorigen Kapitel beschriebene Feineinstellung eingeübt hat.

Stellen Sie sich dem Klienten im Abstand von zwei bis drei Metern gegenüber (näher bei kleineren Kindern) und fragen Sie, ob er »am Punkt« sei. Wenn er »am Punkt«, also orientiert, ist, bitten Sie ihn, auf einem Bein zu stehen. Es spielt keine Rolle, auf welchem Bein er steht, und er kann jederzeit von einem Bein aufs andere wechseln.

Halten Sie zwei Bälle in einer Hand. Wenn der Klient ruhig auf einem Bein steht, sagen Sie: »Fange den einen Ball mit der einen Hand, den anderen mit der anderen.«

1. Werfen Sie ohne Vorwarnung einen Ball nach dem anderen. Werfen Sie locker und so, daß die Bälle in Brusthöhe ankommen. Bei jedem Wurf sagen Sie: »Den einen Ball mit der einen Hand, den anderen mit der anderen.«

2. Wenn der Klient sowohl mit der rechten als auch mit der linken Hand mühelos fangen kann, ohne das Gleichgewicht zu verlieren, wiederholen Sie: »Den einen Ball mit der einen Hand, den anderen mit der anderen.« Werfen Sie dann beide Bälle gleichzeitig. Zielen Sie dabei auf eine Stelle mitten vor der Brust, so daß der eine Ball unmittelbar links von der Mitte, der andere direkt rechts von der Mitte ankommt. Werfen Sie die Bälle auf alle Fälle so, daß sie leicht zu fangen sind. Wenn der Klient beide Bälle fängt, loben Sie ihn und wiederholen die Übung.
3. Nach einigen Wiederholungen sagen Sie: »Jetzt werfe ich beide Bälle nach einer Seite. Versuche sie zu fangen,

»Den einen Ball mit der einen Hand, den anderen mit der anderen.«

ohne das Gleichgewicht zu verlieren.« Werfen Sie die Bälle dann abwechselnd nach der rechten und der linken Seite, so daß der Klient jedesmal mit einer Hand über die Mittellinie hinausgreifen muß, um den zweiten Ball zu fangen. Achten Sie darauf, nicht zu weit nach der Seite zu werfen, denn sonst bringen Sie den Klienten aus dem Gleichgewicht.

Diese Übung eignet sich gut für kleine Pausen, wenn man an der Symbolbeherrschung der kleinen Auslösewörter arbeitet.

Beide Bälle auf einer Seite

31

Grundlegende Symbolbeherrschung

An früherer Stelle habe ich bereits darauf hingewiesen, daß die Symptome der Legasthenie durch Desorientierung verursacht werden, Desorientierung jedoch durch Verwirrung über die Bedeutung von Auslösewörtern entsteht. Dies sind also die Hauptursachen. Aber es gibt viele andere Symbole, die ebenfalls Desorientierung hervorrufen. Bei den meisten Legasthenikern wird Desorientierung durch bestimmte Buchstaben und Satzzeichen ausgelöst, bei einigen durch bestimmte Sprachlaute oder mathematische Symbole und Zahlen.

Will man die Lernbehinderung der Legasthenie wirklich beseitigen, muß man sämtliche Auslösewörter und -symbole bis zur völligen Beherrschung erlernen.

Dies geschieht am erfolgreichsten, wenn man mit einem Legastheniker allein übt und sich ganz auf sein persönliches Lerntempo einstellt. Auch sollte man viele Pausen einlegen, besonders nach jedem Erfolg.

Wenn der Klient auf Schwierigkeiten stößt oder von Verwirrung und Desorientierung überwältigt wird, ist eine Pause unumgänglich, denn diese Situation ist ein sicheres Zeichen dafür, daß irgendein störender körperlicher, emotionaler oder Umweltfaktor vorliegt oder eine frühere Verwirrung oder Desorientierung übersehen wurde. Finden Sie auf alle Fälle heraus, was der Auslöser war, und beseitigen Sie ihn, bevor Sie fortfahren.

So können Sie dem Prozeß nachhelfen:

1. Der Helfer macht die Übungen und Knetemodelle gemeinsam mit dem Klienten.
2. Der Klient instruiert oder testet den Helfer über den Stoff, der gerade durchgenommen wurde.
3. Der Helfer bildet abwechselnd mit dem Klienten Beispielsätze und praktische Beispiele.

Sie benötigen die folgenden Materialien:

→ pro Person ein bis zwei Pfund Plastilin (eine auf Ölbasis hergestellte Knete, die jahrelang weich und knetbar bleibt)
→ je ein Modell des großen und kleinen Alphabets
→ ein Wörterbuch
→ eine Grammatik
→ Lesefibeln, Lesebücher, Übungsbücher, Zeitschriften und sonstiges Lesematerial
→ Papier
→ einen Bleistift
→ Werkzeug zum Schneiden und Formen des Plastilins
→ eine Schere
→ Papierhandtücher usw. zum Reinigen.

Das Ende des Abc-Lieds

Auf das Orientierungstraining folgt das Symbolbeherrschungstraining, das der vollständigen Erlernung des Alphabets und der Zeichensetzung dient.

Wir benutzen eine grundlegende Form von Symbolbeherrschung für Buchstaben und Symbole. Der Prozeß ist ganz einfach. Es geht nur darum, daß der Klient die Symbole beherrscht, so daß sie keine Desorientierung mehr auslösen. Der Klient modelliert jedes Symbol aus Knete,

A B C D E F G H I
J K L M N O P Q R
S T U V W X Y Z

Hier die Modelle der großen und kleinen Druckbuchstaben, die wir am Davis Dyslexia Correction Center in Kalifornien für die Grundlegende Symbolbeherrschung benutzen. Sie wurden speziell als Vorlage für die Formung der Buchstaben aus Knete entworfen. Vergrößern Sie diese zwei Seiten etwa 150% auf einem Kopiergerät und schneiden Sie die zwei Alphabete in je drei Streifen. Kleben Sie diese dann an den Enden zusammen, so daß zwei lange Streifen entstehen, die so aussehen wie diese hier:

A B C D E F G H I J K L M N O P Q R S T U V W X Y Z

z y x w v u t s r q p o n m l k j i h g f e d c b a

z y x w v u t s

r q p o n m l k j i

h g f e d c b a

identifiziert es und übt sich in seinem Gebrauch. Im Falle des Alphabets fangen wir mit den Großbuchstaben an und formen jeden Buchstaben von *A* bis *Z*.

Alphabettraining

1. Zeigen Sie dem Klienten, wie man die Knetmasse rollt, schneidet und formt.
2. Sobald ein Zeichen von Desorientierung auftritt, pausieren Sie einen Moment und sagen: »Prüfe deine Orientierung.« Oder: »Bist du noch am Punkt?« Dann fahren Sie fort.
3. Lassen Sie den Klienten alle großen Druckbuchstaben von *A* bis *Z* formen. Die Buchstaben sollten wenigstens 5 Zentimeter hoch sein. Ein Modell sollte in der Nähe zu sehen sein.
4. Fragen Sie: »Wessen Alphabet ist das?« Wiederholen Sie die Frage im zwanglosen Gespräch, bis der Klient sagt: »Es ist meins.« Fragen Sie dann: »Warum?« oder »Wieso?«, bis er antwortet: »Weil ich es gemacht habe.«
5. Lassen Sie den Klienten nachprüfen, ob alle Buchstaben in der richtigen Form und Reihenfolge dastehen und ob sie von gleicher Größe sind. Falls er irgendwelche Fehler entdeckt, bitten Sie ihn, seine Buchstaben mit dem Modellalphabet zu vergleichen und die Fehler zu korrigieren.

ACHTUNG: *Bei dieser Übung sollten Sie* niemals

→ *das gestalterische Talent des Klienten kritisieren oder*

→ *besondere Fehler herausstellen; der Klient sollte sie selbst entdecken, indem er das aus Knete modellierte Alphabet mit dem geschriebenen vergleicht.*

6. Fragen Sie: »Bist du mit deinem Alphabet zufrieden?« Falls er nein sagt, fragen Sie ihn, was er besser machen könne. Bitten Sie ihn, es zu tun, bis er zufrieden ist.
7. Fragen Sie, wie viele Buchstaben das Abc hat. Wenn er es nicht weiß, bitten Sie ihn, die Buchstaben (l-a-n-g-s-a-m) zu zählen. Wiederholen Sie diese Übung, bis er ganz sicher ist, daß es 26 Buchstaben sind.
8. Bitten Sie ihn, die Buchstaben der Reihe nach von vorn bis hinten langsam und bewußt zu berühren und zu benennen.
9. Bitten Sie ihn, dasselbe rückwärts zu tun.
10. Achten Sie auf Fehler und auf jedes Zeichen von Zögern und Verwirrung.
11. Bei Buchstaben, die er verwechselt oder die Verwirrung bei ihm auslösen, fragen Sie:
    → »Worin sind diese zwei Buchstaben sich ähnlich?«
    → »Worin sind sie verschieden?«

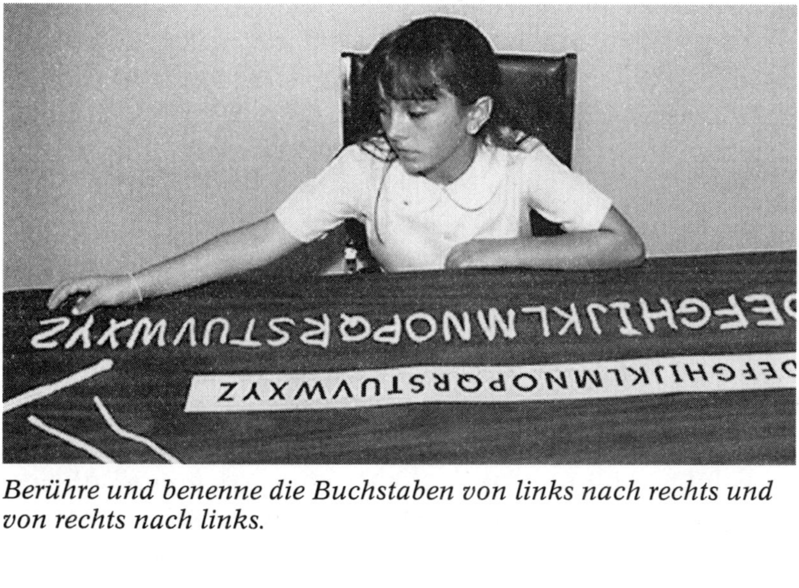

Berühre und benenne die Buchstaben von links nach rechts und von rechts nach links.

Stellen Sie diese zwei Fragen abwechselnd, bis alle Kriterien benannt sind.
Bei Auslassungen oder Fehlern in der Reihenfolge fragen Sie (während der Klient den Buchstaben betrachtet):
→ »Welcher Buchstabe kommt vor ....?«
→ »Welcher Buchstabe kommt nach ....?«

12. Bitten Sie den Klienten, die Buchstaben so oft vorwärts und rückwärts zu berühren und zu benennen, bis er es mühelos kann.
13. Lassen Sie ihn das Alphabet vorwärts und rückwärts aufsagen, wobei er nach Bedarf die Buchstaben ansehen kann.
14. Nennen Sie einen Buchstaben, und bitten Sie den Klienten, den Buchstaben, der davor kommt, und den, der danach kommt, zu berühren und zu benennen. Wiederholen Sie diese Übung, bis er jeden Buchstaben leicht und schnell findet.
15. Lassen Sie ihn das Alphabet rückwärts aufsagen, wobei er so oft »abgucken« kann, wie nötig, um durchzukommen. Achten Sie wieder auf Buchstaben, die wiederholtes Abgucken erfordern und die Schwierigkeiten und wiederholt Verwirrung auslösen. Prüfen Sie die Orientierung, und wenden Sie nach Bedarf Punkt 11 auf diese Buchstaben an. Wiederholen Sie diese Übung, bis der Klient das ganze Alphabet wenigstens einmal, ohne abzugucken, rückwärts aufsagen kann.
16. Falls Zeichen von Frustration oder Anstrengung auftreten, *hören Sie mit der Übung auf.* Legen Sie eine kurze Pause ein. Prüfen Sie dann die Orientierung, und gehen Sie zu der Stelle zurück, die direkt vor der Stelle liegt, an der die Schwierigkeit auftauchte. Wiederholen Sie diese Stelle, bis Sie erfolgreich weitergehen können.
17. Fahren Sie fort, das Alphabet vorwärts und rückwärts zu üben, bis der Klient es kennt und es mühelos in bei-

den Richtungen aufsagen kann. Spenden Sie ganz viel Lob, wenn er diese Leistung vollbracht hat. Und dann machen Sie immer eine lange Pause.

18. Lassen Sie den Klienten die kleinen Druckbuchstaben rückwärts von *z* bis *a* formen.
19. Achten Sie wieder auf die Orientierung und auf Buchstaben, die Schwierigkeiten machen. Lassen Sie den Klienten selbst prüfen, ob alles richtig ist.
20. Lassen Sie den Klienten alle Buchstaben rückwärts von *z* bis *a* berühren und benennen.
21. Lassen Sie ihn nun das Alphabet vorwärts aufsagen. Achten Sie darauf, ob das Abc-Lied auftauchen will, und halten Sie den Klienten dazu an, langsam voranzugehen und jeden Buchstaben klar und deutlich auszusprechen.
22. Nennen Sie einen beliebigen Buchstaben, und fragen Sie den Klienten, welcher Buchstabe davor und welcher danach kommt. Er kann »abgucken«, wenn nötig, bis er es bei jedem Buchstaben des Alphabets in jeder beliebigen Reihenfolge mühelos kann.

Die Arbeit mit dem Alphabet ist abgeschlossen, wenn der Klient es vorwärts und rückwärts gleich schnell und gleich mühelos aufsagen und angeben kann, welche Buchstaben vor und nach jedem Buchstaben stehen. Er kennt das Alphabet nun gut genug, um nicht mehr auf das *Abc-Lied* zurückgreifen zu müssen. Er braucht es nicht mehr innerlich zu singen. Die alte Gewohnheit wird daher erlöschen.

In der nächsten Übung erarbeitet der Klient sich die einzelnen Satzzeichen. Es ist anfangs wichtiger, daß er lernt, was er zu *tun* hat, wenn er die Satzzeichen beim lauten *Lesen* sieht. Wie er sie beim *Schreiben* zu verwenden hat, wird später behandelt.

Zusätzliche Übungen, die man hier oder später durchführen kann:

→ Halten Sie nach Großbuchstaben in der Umgebung Ausschau, und benennen Sie sie.
→ Suchen Sie die Stellen im Wörterbuch auf, an denen Wörter mit dem jeweils nächsten Anfangsbuchstaben beginnen, also die Abteilungen für A, B, C, D ...
→ Suchen Sie solche Stellen in Enzyklopädien, Lexika, Telefonbüchern, Ordnern, Karteien und dergleichen auf.
→ Identifizieren Sie Buchstaben in Büchern.
→ Identifizieren Sie verschiedene Schrifttypen.
→ Schreiben Sie die Buchstaben des Alphabets.

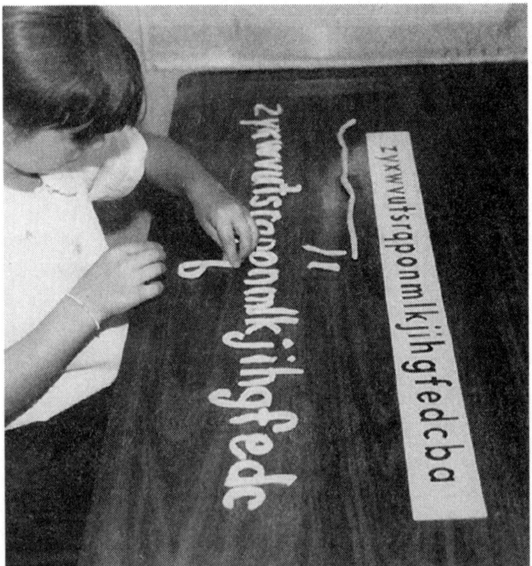

Die Kleinbuchstaben werden in umgekehrter Reihenfolge ausgelegt.

Satzzeichentraining

1. Der Klient studiert die Zeichensetzungsregeln in einem einfachen Wörterbuch.
2. Dann formt er aus Knete den Punkt.
3. Sobald er das Satzzeichen geformt hat, schreibt er dessen Namen auf einen kleinen Zettel (etwa 10 mal 10 Zentimeter) und legt das Knetemodell des Satzzeichens an der passenden Stelle auf den Zettel. Daraus kann ein kreatives Spiel werden. Hier ein paar Beispiele:

4. Weisen Sie auf das Satzzeichen in verschiedenen Texten hin, zum Beispiel in einer Lesefibel, einer Zeitschrift, auf einem Schild. Weisen Sie auch darauf hin, wie die Form mancher Satzzeichen je nach Schrifttype variiert.
5. Lassen Sie den Klienten das Satzzeichen in verschiedenen Texten ausfindig machen.
6. Erklären Sie nun anhand einer Grammatik, wie das Satzzeichen zu gebrauchen ist. Zeigen Sie dem Klienten, was er zu *tun* hat, wenn er das Satzzeichen beim lauten Lesen sieht: starke Pause nach dem Punkt, schwache Pause nach dem Komma, Hochgehen der Stimme beim Fragezeichen und so weiter.
7. Lassen Sie den Klienten mit mündlichen oder schriftlichen Beispielen zeigen, wie das Satzzeichen zu gebrauchen ist.
8. Achten Sie darauf, daß der Klient den Namen des Satzzeichens richtig ausspricht.
9. Wiederholen Sie Punkt 2 bis Punkt 8 mit folgenden Satzzeichen:
   Fragezeichen: ?
   Ausrufzeichen: !
   Komma:,
   Apostroph: ‘
   Gedankenstrich:–
   Bindestrich: -
   Anführungszeichen, doppelte: » «
   und einfache:› ‹
   runde Klammern: ( )
   eckige Klammern: [ ]
   Auslassungspunkte: ...
   Sternchen: *
   Doppelpunkt: :
   Strichpunkt: ;
   Schrägstrich: /

Da Wörter Symbole sind, die sowohl Laute als auch Bedeutungen darstellen, ist es wichtig, daß man den Klienten auch durch alle Laute der Sprache führt. Dies erfordert keinen Logopäden, sondern lediglich die Ausspracheerklärungen irgendeines Wörterbuchs und gesunden Menschenverstand.
Wenn Desorientierung durch Zahlen ausgelöst wird, wendet man dasselbe grundlegende Verfahren auf Zahlen an. Alle diese Übungen müssen abgeschlossen sein, bevor man mit der Liste der Auslösewörter beginnt.

Als Hilfe für Berater und für die Personen, die zu Hause mit den Legasthenikern üben, wird hier ein systematischer Überblick über die Satzzeichen beigefügt:

Punkt	.	Satzschluß
Fragezeichen	?	"
Ausrufezeichen	!	"
Komma (Beistrich)	,	Satzunterteilung
Strichpunkt (Semikolon)	;	"
Doppelpunkt	:	"
Auslassungspunkte	...	Satzunterbrechung
Gedankenstrich	–	"
Trennungsstrich	-	Silbentrennung am Zeilenende (lau-fen)
Bindestrich	-	Wörterverbindung (Hans-Peter)
Schrägstrich	/	Wörterverbindung *und* -trennung (Müller/Meier/Funke) (und/oder)

Anführungszeichen:		
doppelte	„ “	oder » « direkte Rede
einfach	‚ ‘	oder › ‹ direkte Rede
Klammern:		
runde	( )	Nebenbemerkung im Text
eckige	[ ]	"
Apostroph	’	Auslassung eines Lautes (gibt’s = gibt es)
Sternchen	*	Hinweis auf Fußnote

Zusätzliche Symbolbeherrschungsübungen

Aussprachetraining

1. Zeigen Sie dem Klienten, wie die einzelnen Buchstaben von Mund, Lippen und Zunge geformt und ausgesprochen werden, und bitten Sie ihn, das nachzumachen und zu üben. Benutzen Sie dabei die Ausspracheerklärungen eines Wörterbuchs.
2. Erklären Sie die im Wörterbuch benutzte besondere Lautschrift (phonetische Schrift), die das lateinische Alphabet ergänzt und die genaue deutsche Aussprache anzeigt. Gehen Sie insbesondere auf die verschiedenen Symbole (diakritischen Zeichen) ein, und gebrauchen Sie viele Beispiele.
3. Erklären Sie, was eine Silbe ist. Lassen Sie den Klienten in verschiedenen Wörtern die Silben bestimmen und abzählen.
4. Finden Sie ein Wort im Wörterbuch, das der Klient nicht erkennen und aussprechen kann. Lassen Sie ihn mit

Hilfe der Ausspracheerklärungen des Wörterbuchs Silbe für Silbe austüfteln, wie man das Wort richtig ausspricht und wo die Betonung liegt. Machen Sie das mit mehreren Wörtern.

Schrifttypen

1. Weisen Sie in verschiedenen Texten auf Unterschiede zwischen den Buchstaben und Zahlen verschiedener Schrifttypen hin. Die ideale Quelle für diese Übung ist natürlich ein Schrifttypen-Handbuch.
2. Lassen Sie den Klienten solche Unterschiede zwischen verschiedenen Schrifttypen finden und herausstellen.
3. Lassen Sie den Klienten insbesondere Unterschiede zwischen den Schrifttypen in den folgenden Beispielen finden:
   → kleines *a*, *g*, *q*, *t* und *y*,
   → kleines *l* und großes *I*,
   → bei Buchstaben mit und ohne Serifen (Abschlußstrichen).
4. Achten Sie auf Desorientierung, und erinnern Sie den Klienten stets daran, sie zu korrigieren.
5. Wenn nötig, lassen Sie den Klienten verschiedene Schrifttypen aus Knete modellieren und auf Ähnlichkeiten und Unterschiede hinweisen.
6. Eine gute Quelle für verschiedene Schrifttypen sind Karikaturen, die Gelben Seiten des Telefonbuchs und der Anzeigenteil von Zeitungen und Zeitschriften.

Andere Symbole

Musikalische, mathematische und wissenschaftliche Symbole sowie die Symbole der Maßeinheiten können ebenfalls Desorientierung auslösen und in derselben Weise erklärt und bis zur völligen Beherrschung erlernt werden.

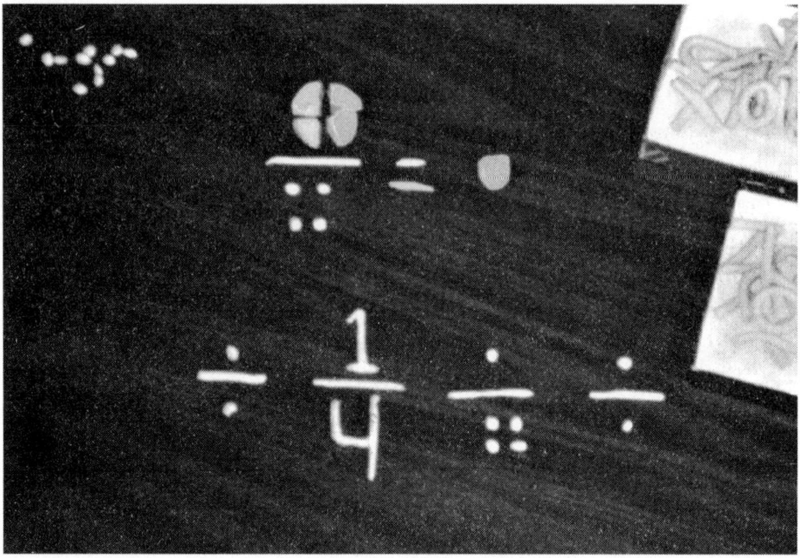

Ein Beispiel für eine Symbolbeherrschungsübung, um die Bruchzahl $^{1}/_{4}$ darzustellen.

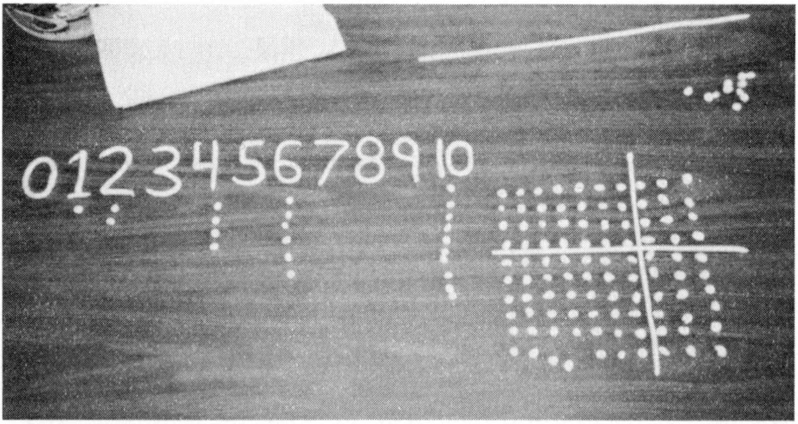

Ein Beispiel für eine Symbolbeherrschungsübung, um die Zahlen 1, 2, 4, 6 und 10 und die Gleichung 7 x 4 = 28 darzustellen.

»Es ist so einfach«

Daniel war fünfzehn Jahre alt, als er zum Orientierungstraining kam. Seine Einstellung war typisch für viele Legastheniker seines Alters. Er täuschte übertriebenes Selbstvertrauen vor und machte reichlich Gebrauch von seinem Mundwerk. Selbst wenn er nie etwas getan hätte, um seine Lernbehinderung loszuwerden, hätte er ein ausgezeichneter Verkäufer werden können.

Seine erste Orientierungssitzung verlief sehr gut, und er konnte seine Orientierung ohne weiteres aufrechterhalten.

Als wir ihn baten, das Alphabet aus Knete zu modellieren, reagierte er wie viele Erwachsene und Halbwüchsige: »Das ist was für Erstkläßler!« Er brummte ein bißchen, machte dann aber alle Symbolbeherrschungsübungen und lernte das Alphabet vorwärts und rückwärts.

Das erste Wort, das er aus der Liste der Auslösewörter auswählte, um es zu studieren, war »the« [deutsch: der, die, das]. Um die Definition bildhaft darzustellen, formte er aus Knete einen Ball und ein Männchen, das auf den Ball zeigte. Plötzlich lief er rot an, und ihm schossen Tränen in die Augen. Dann knallte er die Faust auf den Tisch und rief: »Verdammt noch mal! Warum haben sie mir das nicht im ersten Schuljahr beigebracht? Es ist so einfach!«

»Sie wußten es vielleicht auch nicht besser«, war das einzige, was mir dazu einfiel.

32

Drei Schritte zu leichterem Lesen

Da der Legastheniker sich in hohem Maße seiner Umgebung bewußt ist, wird er ein Wort von Natur aus in derselben Weise *anschauen* wie einen Baum im Park. Er sieht den ganzen Baum auf einmal. Er sieht nicht zuerst die Blätter auf der linken Seite, dann die Äste, dann den Stamm, dann die Äste und Blätter auf der rechten Seite. Er sieht einfach den ganzen Baum.

Wenn Legastheniker lesen lernen und dabei ganze Wörter anschauen, werden sie die Bedeutung der verschiedenen Wörter immer aufgrund des allgemeinen Erscheinungsbildes des einzelnen Wortes zu erraten suchen. Dieses Raten raubt ihnen das Gefühl der Sicherheit, dessen sie bedürfen, um Vertrauen in die eigene Lesefähigkeit zu gewinnen.

Die folgenden einfachen Techniken wurden entwickelt, um Analphabeten zu befähigen, die grundlegendsten Geschicklichkeiten für leichtes Lesen zu erwerben, und um Legasthenikern zu helfen, mühelos und mit Verständnis lesen zu lernen.

Dieses mehrteilige Verfahren sollte vollständig angewandt werden, nachdem der Klient das im 31. Kapitel beschriebene Symbolbeherrschungstraining des Alphabets und der Satzzeichen abgeschlossen hat. Man kann diese Techniken auch in der kurzen Leseübung benutzen, die auf den letzten Schritt des im 27. Kapitel beschriebenen Orientierungstrainings folgt.

Fangen Sie jedenfalls an, diese Techniken zu gebrauchen, wenn der Klient mit der Symbolbeherrschung der

Auslösewörter beginnt. Indem man solche Leseübungen in die Symbolbeherrschungsübungen einstreut, bringt man Abwechslung in den Lernplan und sorgt so dafür, daß keine Langeweile aufkommt.

Schritt 1: Buchstabier-Lesen

Der Zweck des Buchstabier-Lesens ist:

1. den Klienten daran zu gewöhnen, beim Lesen die Augen stetig von links nach rechts zu bewegen,
2. den Klienten zu befähigen, Buchstabengruppen als Wörter zu erkennen.

Die Buchstabier-Lese-Sitzung sollte immer auf maximal 10 Minuten begrenzt sein, und die Pausen zwischen den Übungen sollten dieselbe Zeitspanne umfassen.

Bei diesem Teil des Verfahrens kommt es nicht darauf an, ob der Lesende versteht, was er liest. Der Zweck der Übung besteht nur darin, daß der Lesende die Buchstaben des einzelnen Wortes erkennt und das Wort dem Berater nachspricht. Es geht also nicht um die Laute, sondern um die Erkennung der Buchstaben und Wörter. Wenn der Klient gelernt hat, Wörter Laut für Laut auszusprechen, und dies nun zu tun versucht, sagen Sie einfach: »Du brauchst die Laute der Wörter nicht auszusprechen. Sag einfach die Namen der Buchstaben, einen nach dem anderen. Es geht mir nur darum, daß du die Buchstaben des Alphabets benennst, so wie sie der Reihe nach in jedem einzelnen Wort geschrieben sind. Und dann sagst du mir das Wort nach.«

Das Verfahren

Das Buchstabier-Lesen trainiert Gehirn und Augen des Übenden, beim Lesen von links nach rechts zu gleiten. Genauso wie ein Computer Daten in der richtigen Reihenfolge empfangen muß, so muß auch das Gehirn des Legasthenikers die Daten in der Reihenfolge aufnehmen, in der sie zu lesen sind. Die meisten Sprachen werden von links nach rechts gelesen. Natürlich kann man diese Leseübung auch entsprechend ändern für Sprachen, die von rechts nach links oder von oben nach unten gelesen werden.

Legastheniker haben gewöhnlich zwei Gewohnheiten, die ihre Lesefähigkeit einschränken:

1. Sie versuchen, zu schnell zu lesen.
2. Sie strengen sich zu sehr an, indem sie sich krampfhaft auf den Lesestoff konzentrieren.

Diese Gewohnheiten lassen sich durch das Buchstabier-Lesen beseitigen.

Sagen Sie dem Klienten vor jeder Sitzung: »Lies bitte langsam und ohne dich anzustrengen. Es ist wichtiger, daß du ein sicheres Gefühl hast bei dem, was du liest, als daß du schnell liest. Wenn du langsam und ohne Streß liest, ist es leichter.«

Sie wollen auch darauf achten, daß der Klient beim Buchstabier-Lesen orientiert bleibt. Wenn er sich verliest oder Zeichen von Konzentration erkennen läßt, bitten Sie ihn, zu prüfen, ob er noch orientiert ist. Fragen Sie einfach: »Bist du noch am Punkt?« Bei einem Lernenden, der noch kein Orientierungstraining empfangen hat, würde man diese Frage natürlich nicht stellen.

Kinder und Erwachsene

Bei Kindern verwende man eine Lesefibel oder ein Lesebuch der ersten Klasse. Für Erwachsene ist die Buchstabier-Lese-Übung im Prinzip dieselbe, aber man benötigt einen Lesestoff, durch den Erwachsene sich nicht herabgesetzt fühlen. Man kann einen einfachen Text wie das vorliegende Buch nehmen oder eine Zeitung. Anfangs kann das durchaus schwieriger sein, aber das Selbstwertgefühl des Übenden wird umso nachhaltiger gestärkt, sobald die Hürde genommen ist.

Wie man beginnt

Sorgen Sie dafür, daß die Umgebung, in der Sie mit dem Klienten üben, hell und angenehm ist.

Wie man den Lesestoff anbietet, kann von der Lesefähigkeit des Klienten abhängen. Die meisten Lernenden können auf einer bedruckten Seite ohne Schwierigkeit von einem Wort zum nächsten gleiten. Andere werden von der Fülle der Wörter, die ihnen alle auf einmal vor Augen stehen, überwältigt. In diesem Fall bedeckt man alles, was unter der gerade zu lesenden Zeile steht, mit einem Blatt Papier und alles, was rechts von dem zu lesenden Wort steht, mit einem zweiten Blatt. Das nächste Wort kann man dann jeweils aufdecken, indem man das zweite Blatt von links nach rechts verschiebt.

Setzen Sie sich dem Lernenden gegenüber, so daß der Lesestoff zwischen ihm und Ihnen auf dem Tisch liegt. Zu Anfang der Übung sagen Sie: »Du buchstabierst das Wort. Ich sage dann das Wort, und du sagst es mir nach. Wenn du beim Buchstabieren plötzlich weißt, welches Wort es ist, buchstabiere es zuerst zu Ende und sage es dann sofort selber, ohne auf mich zu warten.«

Bieten Sie die Wörter an, indem Sie mit dem Finger oder einem Bleistift auf sie zeigen oder indem Sie sie in der oben beschriebenen Weise mit Papierstücken einzeln aufdecken.

Beharren Sie darauf, daß der Übende langsam und ohne Anstrengung vorangeht.

Sie sind dafür verantwortlich zu merken, wenn der Lesende sich desorientiert. Achten Sie auf die folgenden Zeichen:

→ Der Lesende läßt einen Buchstaben aus, verändert ihn oder ersetzt ihn durch einen anderen.
→ Er bringt den Kopf näher zum Papier.
→ Er zögert, wird schneller oder langsamer oder liest mit einer monotonen Stimme.
→ Er reibt seinen Nacken, wird zappelig oder runzelt die Augenbrauen.

Beim ersten Zeichen von Desorientierung bedecken Sie den Text mit der Hand und fragen den Übenden, ob er noch am Punkt ist. Wenn nötig, machen Sie eine kurze Pause.

Streichen Sie jeden Fortschritt gebührend heraus. Ihr Lob ist die Belohnung des Lernenden. Es hebt sein Selbstwertgefühl.

Diese Übung führt schließlich dazu, daß der Lernende viele Wörter erkennt, während er sie buchstabiert, oder sogar schon, bevor er sie zu buchstabieren beginnt. Dies ist der Zeitpunkt, wo man zur nächsten Übung übergeht.

Schritt 2: Gleiten-Gleiten-Buchstabieren

Der Zweck auch dieses zweiten Teils des Verfahrens besteht darin, die Links-Rechts-Bewegung der Augen und die Worterkennung weiterhin zu trainieren. Auch hier spielt es noch keine Rolle, ob der Lesende versteht, was er liest. Falls Sie nicht auf die Wörter gezeigt, sondern sie mit den Papierstücken aufgedeckt haben, lassen Sie den Übenden nun selbst die Blätter verschieben, um die einzelnen Wörter oder Textzeilen aufzudecken. Wenn der Lernende in der Augenbewegung und Worterkennung immer besser wird, legen Sie das Blatt, das nach rechts verschoben wird, weg und benutzen nur noch das Blatt, das nach unten verschoben wird und eine Zeile nach der anderen aufdeckt.

Die neue Anweisung lautet: »Laß die Augen über das Wort gleiten. Wenn dir das Wort dann nicht sozusagen fertig aus dem Mund fällt, gleite nochmals darüber. Falls du es auch dann noch nicht erkennst, buchstabiere es. Ich sage dir dann das Wort, und du wiederholst es.«

Beim ersten Zeichen von Orientierung bedecken Sie den Text mit der Hand und fragen den Lesenden, ob er noch orientiert ist.

Loben Sie aufrichtig jeden Fortschritt.

Wenn Sie mit einem Kind arbeiten und eine Lesefibel oder ein Lesebuch der ersten Klasse benutzen, fahren Sie mit dieser Übung fort, bis die meisten Wörter beim Darübergleiten erkannt werden. Sagen Sie dann: »Dieses Buch ist nun zu leicht. Wir brauchen etwas Schwierigeres.« Erhöhen Sie den Schwierigkeitsgrad jeweils um eine Klasse. Anfangs wird das Kind vielleicht das Gefühl haben, der Text sei zu schwierig. Sagen Sie dann: »Wenn es zu schwierig ist, können wir jederzeit zu dem anderen Text zurückkehren.«

Wenn der Lernende fast jedes Wort erkennen kann, das seinem Alter und Leseniveau entspricht, geht man zur nächsten Übung weiter.

Schritt 3: Bild-am-Satzzeichen

Der einzige Zweck des Lesens ist zu verstehen, was man liest. Zu lesen, ohne vollständig zu verstehen, was man liest, ist die Quelle der meisten Mißverständnisse auf jedem Gebiet und jeder Entwicklungsstufe.

Das Ziel dieses dritten Teils des Verfahrens ist das vollständige Verständnis des Gelesenen.

In westlichen Schriftsprachen wird jeder in sich abgeschlossene Gedanke entweder von einem Satzzeichen beendet oder von zwei Satzzeichen umgeben (eingeklammert). Jeder vollständige Gedanke läßt sich entweder fühlen oder bildhaft darstellen.

Sagen Sie zu Ihrem Klienten: »Wir werden nun Bedeutung hinzufügen zu dem, was du liest. Satzzeichen, das heißt jetzt für uns ›Bild‹. Wenn du ein Satzzeichen siehst, mach dir im Kopf ein Bild von dem, was du gerade gelesen hast.«

Bild-am-Satzzeichen ist eine Übung, die zum Gleiten-Gleiten-Buchstabieren hinzukommt.

Nennen Sie die Satzzeichen, an denen der Lernende stoppen und sich ein Bild machen soll:

- → Punkt
- → Ausrufezeichen
- → Fragezeichen
- → Komma
- → Anführungszeichen

→ Semikolon
→ Gedankenstrich
→ runde oder eckige Klammern.

Bitten Sie den Übenden, einen kurzen Satz oder Satzteil zu lesen (bis zum ersten Satzzeichen). Hindern Sie ihn dann daran, weiter auf die Wörter zu schauen, die er gerade gelesen hat. Wenn nötig, bedecken Sie die Wörter mit der Hand. Fragen Sie: »Was siehst du?«

Wenn der Satzteil etwas besagt, wozu man sich kein Bild machen kann, wie zum Beispiel »vor langer Zeit« oder »es war einmal«, fragen Sie: »Was fühlst du?« oder »Was bedeutet das für dich?«

Manchmal stößt man auf Wörter, die keine speziellen Auslösewörter sind, oder auf unbekannte Wörter, die für den Legastheniker keine Bedeutung haben. In diesem Fall können Sie die Bedeutung des jeweiligen Wortes erklären oder in einem einfachen Wörterbuch nachschlagen.

Einige Auslösewörter werden Desorientierung hervorrufen. Weisen Sie dann jeweils darauf hin, daß es ein Auslösewort ist, und fragen Sie: »Bist du noch am Punkt?« Sobald die Orientierung wiederhergestellt ist, fahren Sie fort im Text. Falls der Lernende dieses Wort mit Symbolbeherrschung erarbeitet hat, sind Sie auf eine besondere Bedeutung des Wortes gestoßen, die nun auch noch zu erarbeiten ist.

Irgendwann wird der Legastheniker beginnen, aus freien Stücken und aus bloßem Spaß an der Sache zu lesen. Sobald Sie bemerken, daß jemand irgendwelche Artikel liest, nur weil sie für ihn interessant sind, war ihre Arbeit erfolgreich. Bieten Sie dann weitere Hilfe nur an, wenn Sie darum gebeten werden, und ermuntern Sie den Lernenden, für alle Wörter oder Ausdrücke, die Verwirrung hervorrufen, Symbolbeherrschung zu benutzen.

33
Symbolbeherrschung bei Wörtern

Auslösewörter sind die am meisten gebrauchten Wörter der deutschen Sprache. Trotzdem wissen weder Legastheniker noch die meisten Nichtlegastheniker, wie man sie definieren könnte. Selbst manche Deutschlehrer finden es schwierig, zum Beispiel über die Auslösewörter *der* oder *ein* viel mehr zu sagen, als daß sie Artikel sind. Die Definition der Auslösewörter über den Weg der Symbolbeherrschung zu erlernen, würde die Lesefertigkeit und Sprachverständnis aller Menschen erheblich verbessern.

Konzentrieren nicht gestattet

Symbolbeherrschung sollte ein Spiel sein. Betrachten Sie die Wörter und Symbole als kleine Puzzles. Mit jeder Definition setzen Sie ein Puzzle zusammen. Die meisten Legastheniker hatten frustrierende Erlebnisse in der Schule. Sie benutzen daher mechanisches Auswendiglernen, um wenigstens den Anschein zu erwecken, sie lernten etwas. Die Form der Buchstaben aus Knete zu modellieren bricht nicht nur die Gewohnheit des Legasthenikers, sich zu konzentrieren, sondern hilft ihm auch, schöpferisches Tun als Lernprozeß zu erfahren.

Es spielt keine Rolle, ob Sie sich allein in der Symbolbeherrschung üben oder einer anderen Person dabei helfen:

Denken Sie immer daran, daß es eine Lernerfahrung sein soll und daß es völlig in Ordnung ist, wenn das Vorhaben nicht immer sofort gelingt oder wenn Fehler unterlaufen. Fehler zu finden ist sogar eines der besten Mittel, um etwas zu lernen. Die allerwenigsten haben diese Wörter studiert und können sie definieren.

Wenn der Klient bei einem bestimmten Wort oder Symbol keinen Rat weiß und sich bei ihm Verwirrung einstellt, ist es besser, sich dieses Wort oder Symbol für später zu notieren und mit etwas anderem weiterzumachen, das leichter ist. Wenn die Arbeit langweilig und ermüdend wird, sollte man pausieren und die Orientierung prüfen.

Im folgenden nun die Trainingsmethode der Symbolbeherrschung von Wörtern, dazu einige Hinweise zur leichteren Anwendung dieser Methode und die Liste der Auslösewörter.

Die Symbolbeherrschungstechnik

1. Bitten Sie den Klienten, das Wort in einem Wörterbuch oder Glossar nachzuschlagen.
2. Falls er nicht weiß, wie er das Wort aussprechen soll, studiere er die im Wörterbuch dargestellte Aussprache.
3. Er lese laut die erste Definition des Wortes und die Beispielsätze.
4. Sorgen Sie dafür, daß ihm die Definition so klar wie nur möglich wird. Erörtern Sie sie im Gespräch mit ihm. Lassen Sie ihn Sätze oder Phrasen bilden, in denen er das Wort in dieser ersten Definition verwendet.
5. Lassen Sie ihn ein Knetemodell des Begriffs formen, so wie er in der Definition beschrieben wird. Wie man Knetemodelle anfertigt, wird weiter unten erklärt.

6. Er soll das Symbol oder die Buchstaben des Wortes aus Knete formen. Achten Sie darauf, daß das Wort korrekt geschrieben ist. Er verwende Kleinbuchstaben, es sei denn, das Wort sei ein Hauptwort oder ein Eigenname mit großem Anfangsbuchstaben.
7. Bitten Sie ihn, sich innerlich ein Bild von dem Modell zu machen, das er hergestellt hat.
8. Dann soll er laut zu dem Modell sagen: »Dies ist [das Wort], das heißt [die Definition].« (Beispiel: »Dies ist *groß*, das heißt *höher* als *normal.*«)
9. Und zu dem Wort oder Symbol: »Dies lautet [das Wort].« (Beispiel: »Dies bedeutet *groß.*«)

Lassen Sie den Klienten weitere Sätze und Phrasen bilden, bis er es gut und mühelos kann. Achten Sie darauf, daß er das Wort so benutzt, daß es zu der Definition paßt, die er soeben gegeben hat.

Zwei weitere Übungen, die man nach Bedarf ausführen kann:

→ Lassen Sie den Klienten die Buchstaben des Wortes berühren und sprechen.
→ Lassen Sie ihn das Wort schreiben.

Bevor Sie mit der Liste der Auslösewörter zu arbeiten beginnen, sollten Sie die Symbolbeherrschungstechnik auf einfache Wörter wie *Schaf*, *Apfel* oder *Katze* anwenden. Viele Substantive lassen sich leicht bildhaft vorstellen und aus Knete modellieren. Danach sollten Sie Verben wie *springen*, *essen* oder *schlafen* und anschließend Adjektive wie *hoch*, *klein* oder *glatt* üben. Dies wird den Klienten daran gewöhnen, die Methode Schritt für Schritt vollständig anzuwenden.

Die ab Seite 248 aufgeführte Liste der Auslösewörter ist keine erschöpfende Liste aller Auslösewörter. Jeder Legastheniker hat seine eigene individuelle Liste von Auslösewörtern. Der einzelne Legastheniker sollte auf jeden Fall alle seine typischen Auslösewörter nach und nach völlig beherrschen lernen. Manche seiner persönlichen Auslösewörter könnten wichtige Ausdrücke in einem Fach sein, das ihm schwerfällt. Sie könnten Wörter sein, die er immer falsch liest oder schreibt, oder Homonyme (Wörter mit gleichem Klang, aber verschiedener Bedeutung) oder neues Vokabular. Notieren Sie sich diese Wörter, wenn Sie auf sie stoßen, und fügen Sie sie zu der Liste von Wörtern hinzu, die der betreffende Klient sich bis zur vollständigen Beherrschung erarbeiten sollte.

Hinweise zur Symbolbeherrschung bei Auslösewörtern

Die »Auslösewörter« der unten aufgeführten Liste sind diejenigen, die am häufigsten beim Lesen und Schreiben Verwirrung und Desorientierung hervorrufen. Sie verwirren, weil:

→ man kein geistiges Bild von der Bedeutung dieser Wörter hat,

→ viele dieser Wörter vielfache Bedeutung haben.

Hier sind Mittel und Wege, die die Beherrschung dieser Wörter erleichtern:

1. Benutzen Sie ein Wörterbuch, das für jede Definition eines dieser Wörter Beispielsätze und -phrasen gibt.
2. Lassen Sie den Klienten Beispielsätze und -phrasen bilden, bis er sicher ist, daß er das betreffende Wort in dieser Definition kennt und mühelos benutzen kann.

die

1. diejenige, die hier ist oder erwähnt worden ist.
   [Gib mir die Zitrone.]

2. diese in einer Anzahl oder Gruppe.
   [Die Schülerin auf der linken Seite ist größer.]

3. irgendeiner (-eine; -eines) von einer bestimmten Art.
   [Die Orange ist eine Frucht.]

Beispiele, wie drei verschiedene Definitionen des Wortes »die« *mit der Symbolbeherrschungstechnik dargestellt werden können.*

Beispiel

Das Wort »das« kann unter anderem »dies« und »pro« bedeuten. Wenn Sie gerade die Bedeutung »dies« üben und der Satz »Eier kosten vier Mark das *Dutzend« ist, dann können Sie »das« durch »dies« ersetzen. »Eier kosten vier Mark* dies *Dutzend« klingt aber eher falsch und komisch. Ersetzen Sie »das« jedoch durch »pro«, dann klingt der Satz richtig und normal: »Eier kosten vier Mark* pro *Dutzend.«*

3. Beginnen Sie mit Wörtern, die nur wenige Definitionen haben, z.B. die Artikel *der/die/das* und *ein/eine/ein* und die Pronomina *ich, du* und *wir*, doch vorerst ohne die Beugungsformen.
4. Lassen Sie den Klienten das in einem Satz oder in einer Phrase benutzte Auslösewort durch die im Wörterbuch gegebene Definition ersetzen. Er kann dann leicht sehen, ob er das Wort in dieser Bedeutung richtig benutzt hat und es also auch richtig versteht.
5. Erarbeiten Sie mit ihm zuerst die Hauptdefinition von jedem Wort der Liste. und beschränken Sie sich anfangs auf zwei bis vier Definitionen pro Sitzung. Zu viele Definitionen auf einmal zu üben, schafft Verwirrung. Wenn Sie die Hauptdefinition aller Wörter geklärt haben, gehen Sie noch einmal durch die Liste und erarbeiten die übrigen Definitionen aller Wörter.
6. Wenn Sie auf eine Definition stoßen, die er nicht versteht, dann enthält diese Definition wahrscheinlich ein Wort, das er nicht versteht. Sie können dann entweder dieses Wort erarbeiten oder einfach in einem anderen Wörterbuch nachschauen, ob es diese Bedeutung vielleicht anders und besser erklärt.

7. Das Wort *sein* (und seine Formen) ist das schwierigste Wort in der Liste und sollte zuallerletzt und mit Hilfe einer Grammatik erarbeitet werden.
8. Achten Sie darauf, daß die Knetemodelle »realistisch« sind. Das soll nicht heißen, sie sollten höchst kunstvoll oder lebensecht sein. Es soll vielmehr heißen, sie sollten dreidimensional sein und eine physische Wirklichkeit so wiedergeben, daß man sie wiedererkennen kann. Mit anderen Worten, sie sollten nicht besonders abstrakt oder symbolisch sein. Ein bloßer Kneteklotz stellt kein Auto dar, er sollte wenigstens vier Räder haben.
9. Das Knetemodell einer Person darf durchaus wie ein Strichmännchen aussehen, sollte aber kräftig genug sein, um ohne Stütze aufrecht stehen zu können. Wenn Aktion oder Emotion ausgedrückt werden sollen, muß die Figur Arme und Beine haben, die eine bestimmte Stellung einnehmen können, und einen Kopf, in den sich ein Gesichtsausdruck einritzen läßt.
10. Man kann Knetepfeile benutzen, um Richtung oder Reihenfolge anzudeuten.
11. Wenn man zeigen will, daß etwas eine Idee ist oder im Geist vor sich geht, bilde man aus einer Kneteschnur eine Sprechblase, verbinde sie mit dem Kopf einer Figur und zeige innerhalb dieser Blase das, was im Geist vor sich geht.
12. Die Knetebuchstaben der Wörter sind so zu formen, wie sie normalerweise in Büchern vorkommen, also als große Druckbuchstaben am Anfang der Substantive und Eigennamen und im übrigen als kleine Druckbuchstaben. Prüfen Sie, ob das Wort, das der Klient aus Knete modelliert hat, richtig geschrieben ist.
13. Einige Wörter tauchen in der Liste zusammen mit ihren verschiedenen Formen auf. Benutzen Sie eine Grammatik, um dem Klienten zu einem vollen Verständnis

dieser Formen zu verhelfen. Dies ist eine Gelegenheit zu erfahren, was alles mit einem Wort geschehen kann, wenn es verschiedene Endungen bekommt und z.B. verschiedene Zeitstufen ausdrückt.

14. Erarbeiten Sie mit Hilfe der Grammatik die verschiedenen Wortarten (Substantiv, Eigennamen, Pronomen, Adjektiv, Verb, Adverb, Präposition, Konjunktion, Interjektion) und lassen Sie den Klienten die Wortart jedes Wortes der Liste und auch sonstiger Wörter bestimmen, wo immer es von Nutzen scheint. Dies ist sehr hilfreich, wenn man die verschiedenen Definitionen eines Wortes genau verstehen will.
15. Wenn eine Definition schwer verständlich oder verwirrend ist, machen Sie eine kleine Pause. Der Klient kann aus dem Fenster schauen, eine Minute lang aufstehen, die Arme strecken und auf alle Fälle die Orientierung prüfen, bevor Sie mit ihm fortfahren.

Die Auslösewörter – Hauptauslöser der Desorientierung

- ab
- aber
- all
  - alle
  - allem
  - allen
  - aller
  - alles
- als
- also
- an
- andere
  - anderem
  - anderen
  - anderer
  - anderes
  - anders
- auch
- auf
- aus
- bald
- bei
- bevor
- bis
- da
- damit
- dann
- darum
- das
- daß
- dazu
- dein
  - deine
  - deinem
  - deinen
  - deiner
  - deines
- dem
- den
  - denen
- denn
- der
  - deren
  - derer
- des
  - dessen
- desto
- dich
- die
- dies
  - diese
  - diesem
  - diesen
  - dieser
  - dieses
- dir
- doch
- dort
- du
- dürfen
  - darf
  - darfst
  - dürft
  - dürfe
  - durfte
  - durftest
  - durften
  - durftet
  - dürfte
  - dürftest
  - dürften
  - dürftet
  - gedurft
- durch
- eben
- ein
  - eine
  - einem
  - einen
  - einer
  - eines
- einige
  - einigem
  - einigen
  - einiger
  - einiges
- entweder
- er
- es
- etliche
  - etlichem
  - etlichen
  - etlicher
  - etliches
- etwa
- etwas
- euch
- euer
  - eure
  - eurem
  - euren
  - eurer
  - eures
- falls
- fast
- fort
- für
- ganz
  - ganze
  - ganzem
  - ganzen
  - ganzer
  - ganzes
- gar
- gegen
- gerade
- haben
  - habe
  - hast
  - hat

habt
hatte
hattest
hatten
hattet
hätte
hättest
hätten
hättet
hab
gehabt
her
hier
hin
hinter
ich
ihm
ihn
  ihnen
ihr
  ihre
  ihrem
  ihren
  ihrer
  ihres
immer
in
indem
indes
ja
je
jede
  jedem
  jeden
  jeder
  jedes
jene
  jenem
  jenen
  jener
  jenes
jetzt
kein
  keine
  keinem
  keinen
  keiner
  keines
können
  kann
  kannst
  könnt
  konnte
  konntest
  konnten
  konntet
  könnte
  könntest
  könnten
  könntet
  gekonnt
lassen
  lasse
  läßt
  laßt
  ließe
  ließet
  ließ
  ließest
  ließen
  ließt
  laß
  gelassen
man
manch
  manche
  manchem
  manchen
  mancher
  manches
mehr
  mehrere
  mehreren
  mehrerer
  mehreres
mein
  meine
  meinem
  meinen
  meiner
  meines
meist
  meiste
  meisten
  meistens
mich
mir
mit
mögen
  mag
  magst
  mögt
  möge
  mögest
  möget
  mochte
  mochtest
  mochten
  mochtet
  möchte
  möchtest
  möchten
  möchtet
  gemocht
müssen
  muß
  mußt
  müßt
  müsse
  mußte
  mußtest
  mußten
  mußtet
  müßte
  müßtest
  müßten
  müßtet
  gemußt
nach
neben
nein
nicht
nichts
nie
noch
nun

nur
ob
oben
oder
ohne
rauf
runter
sehr
sein
  seine
  seinem
  seinen
  seiner
  seines
sein
  bin
  bist
  ist
  sind
  seid
  sei
  seist (seiest)
  seien
  seiet
  war
  warst
  waren
  wart (waret)
  wäre
  wärst (wärest)
  wären
  wärt (wäret)
  seiend
  gewesen
  sei
  seid
sich
sicher
sie
so
sogar
  solch
  solche
  solchem
  solchen
  solcher
  solches
sollen
  soll
  sollst
  sollt
  solle
  sollte
  solltest
  sollten
  solltet
  gesollt
sondern
sowie
tun
  tue
  tust
  tut
  tat
  tatst (tatest)
  taten
  tatet
  täte
  tätest
  täten
  tätet
  tu
  tuend
  getan
über
um
und
uns
  unser
  unsere
  unserem
  unseren
  unserer
  unseres
unter
viel
  viele
  vielem
  vielen
  vieler
  vieles
voll
  volle
  vollem
  vollen
  voller
  volles
von
vor
vorn
während
wann
warum
was
weder
weg
weil
welch
  welche
  welchem
  welchen
  welcher
  welches
wem
wen
wenig
  wenige
  wenigem
  wenigen
  weniger
  weniges
  wenigsten
wenn
wer
werden
  werde
  wirst
  wird

werdet	würdet	wollen	wolltet
wurde	geworden	will	gewollt
wurdest	wessen	willst	zu
wurden	wider	wollt	zudem
wurdet	wie	wolle	zuletzt
würde	wieder	wollte	zurück
würdest	wir	wolltest	zwar
würden	wo	wollten	zwischen

34
Wie geht es weiter?

Wenn man jemanden durch die Prozesse begleitet, die in den vorausgegangenen Kapiteln beschrieben wurden, so will man ihm damit vor allem helfen, sich von seiner Lernbehinderung zu befreien. Diesen Aspekt der Legasthenie zu beseitigen ist der entschiedene Zweck des ganzen Programms.

Das Programm, das in unserem Beratungszentrum angeboten wird, dauert im Durchschnitt etwa 30 Stunden. Der Großteil dieser Zeit ist der Symbolbeherrschung der persönlichen Auslösesymbole des Klienten gewidmet. Unser Training vermittelt dem Klienten die Fähigkeit, die Kontrolle über seine Desorientierung zu gewinnen und die Symbolbeherrschungstechnik zu erlernen. Die vollständige Liste der Auslösewörter zu beherrschen ist eine Aufgabe, die den Rahmen unseres Programms übersteigt und vom Klienten selbst im Anschluß an unser Programm zu erarbeiten ist.

Wir trainieren auch Eltern, Ehepartner, Geschwister, Verwandte und sonstige Helfer in grundlegenden Fördertechniken, so daß sie dem Klienten zu Hause weitere Unterstützung geben können. Die Absolventen unseres Programms können zudem zu einer oder mehreren Sitzungen zu uns zurückkommen, um ihre bei uns erlernten Fertigkeiten überprüfen zu lassen.

Der gesamte Vorgang der Umstellung ist erst dann abgeschlossen, wenn die alten Zwangslösungen nicht mehr wirken. Solange der Klient an ihnen festhält und sie immer wieder benutzt, wird er auch sein altes Problem behalten, denn er schließt damit eine durchgreifende Änderung aus.

Wenn er seine Lernbehinderung dauerhaft beseitigen will, muß er die zwanghaften »alten Lösungen« ein für allemal aufgeben.

Die gesamte Abfolge der Ereignisse, die den Klienten dazu brachten, eine Zwangslösung zu entwickeln, kam überhaupt erst dadurch zustande, daß er nicht mit Auslösewörtern denken konnte. Sobald er daher die erste oder Hauptbedeutung eines Auslösewortes beherrscht, kann er beginnen, nonverbal mit diesem Wort zu denken, und dieses Wort wird keine »alte Lösung« mehr in Gang bringen. Wenn er sich dann ein Wort nach dem anderen bis zur vollständigen Beherrschung erarbeitet, und sei es auch nur teilweise, werden die »alten Lösungen« nicht mehr stimuliert und erlöschen ganz von allein.

Der Legastheniker macht nun neue Erfahrungen und entdeckt neue Möglichkeiten, die besser funktionieren als die »alten Lösungen«. Diese neuen und besseren Möglichkeiten treten ganz einfach an die Stelle der »alten Lösungen«.

Es klingt vielleicht unglaubhaft, daß ein tief eingewurzeltes zwanghaftes Verhalten von allein verfliegen soll, aber es geschieht tatsächlich – vor allem in einer geduldigen, unterstützenden Umgebung. Die meisten »alten Lösungen« verschwinden in wenigen Monaten.

Die Erfahrung, daß eine »alte Lösung« verschwindet, ist für den Legastheniker der notwendige und eindeutige Beweis dafür, daß er im Begriff ist, seine Behinderung tatsächlich zu verlieren, und zwar für immer.

Dies soll aber nicht heißen, daß es genügt, wenn Legastheniker nur die erste oder Grundbedeutung von Auslösewörtern beherrschen. Mit diesem ersten Erfolg beginnen die »alten Lösungen« zwar durchaus schon zu verblassen, aber die volle Meisterschaft über ein Wort ist erst dann erreicht, wenn man sämtliche Bedeutungen des

Wortes beherrscht. Legastheniker sollten sich daher auf ihre *Gabe der Meisterschaft* besinnen und diese Übung zur Beherrschung aller Auslösewörter im Laufe der Zeit gründlich und vollständig durchführen.

Der Klient sollte auch nie vergessen, seine Orientierung zu überprüfen, wenn er aus irgendeinem Grund desorientiert ist. Wörter sind nicht die einzigen Reize für den Legastheniker, die Desorientierung auslösen. Solche spontanen Desorientierungen durch andere Einflüsse sind nicht Legasthenie, aber sie haben dieselben grundlegenden Eigenschaften und Folgen. Sie führen oft zu Phobien. Die Orientierung schaltet sie *ab*. Aber die vollständige Befreiung von Phobien ist nicht das Thema dieses Buches.

Der Legastheniker sollte auch fortfahren, jedes verwirrende Wort, auf das er stößt, mit der Symbolbeherrschungstechnik zu studieren. Dies ist zudem eine ausgezeichnete Methode, mit der man Zugang zu einem neuen Stoff oder Fachgebiet gewinnen kann. Viele Legastheniker, die ihr Problem durch unser Programm in den Griff bekommen haben und ein Hochschulstudium absolvieren, erzielen gute oder sogar sehr gute Leistungen, indem sie das Vokabular ihres Fachs anhand der Glossare ihrer Lehrbücher mit der Symbolbeherrschungstechnik erarbeiten.

Ich möchte mich nun von Ihnen mit einem Zitat aus Kapitel 21 verabschieden.

Wenn jemand
in einer Sache
zur Meisterschaft
gelangt ist,
wird sie zu einem Teil
seiner selbst.
Sie wird zum integralen Teil
seines Denkens und Schaffens.
Sie bereichert all sein späteres
Denken und Schaffen
um die wesentliche Qualität
dieses Gegenstandes.

Ronald D. Davis
Legasthenie als Talentsignale
(Ariston Verlag 1998)

Glossar

Alphabet (Abc): die festgelegte Reihenfolge aller Schriftzeichen einer Sprache. *Das deutsche Alphabet hat 26 Buchstaben.*

»Alte Lösungen«: *siehe* **Lösungen.**

Aufmerksamkeit: Ausrichtung des Bewußtseins auf die inneren und äußeren Erscheinungen. *Wenn man auf seine Gedanken achtet oder einen Sonnenuntergang beobachtet, benutzt man die Aufmerksamkeit.*

Auslöser (Auslösewort): alles, was Desorientierung hervorruft; meistens ein Wort oder sonstiges Symbol, mit dem man keinen genauen oder vollständigen Begriff verbinden kann. *Der Artikel »der, die, das« ist ein typisches Auslösewort.*

Bedeutung: Inhalt (Begriff, Gefühl, inneres Bild), womit ein bestimmtes gesprochenes oder geschriebenes Symbol verbunden ist. *Jedes Wort hat eine Bedeutung.*

Begriff: Idee oder Gedanke; ein inneres (geistiges) Bild, das man sich von einem Gegenstand oder von einer Gruppe von Gegenständen macht. *Wir gebrauchen Wörter, um anderen unsere Begriffe mitzuteilen.*

Begriffsbildung: Formung eines Begriffs im Geist; der Akt der geistigen Herstellung eines Gegenstandes. *Wenn wir uns etwas vorstellen, das wir machen oder tun wollen, dann bilden wir uns einen Begriff davon.*

Beherrschen: etwas vollständig kennen und es mühelos ausüben oder benutzen können, Meisterschaft darin erlangt haben. *Wenn man etwas beherrschen will, muß man es gründlich üben. »Übung macht den Meister.«*

Beherrschung: vollständige Kenntnis und mühelose Ausübung oder Benutzung von etwas, Meisterschaft darin. *Seine Beherrschung der Kochkunst macht ihn zu einem ausgezeichneten Küchenchef.*

Beratung: jemandem helfen, seine Fähigkeiten zu verstärken oder seine Behinderungen loszuwerden. *Wenn wir ein Problem haben und Hilfe brauchen, gehen wir zur Beratung und lassen uns beraten.*

Buchstabe: geschriebenes Symbol, das einen einzelnen Sprechlaut darstellt. *Z ist ein Buchstabe.*

Definition: Aussage, die die Bedeutung eines Wortes genau beschreibt. *Wenn wir ein Wort definieren, eine Definition von ihm geben, dann erklären wir es ganz genau.*

Desorientieren (sich): die eigene Stellung oder Richtung in bezug auf die Gegebenheiten der Umwelt verlieren; in gewissem Grade den Kontakt mit der Realität verlieren. *Wer sich leicht desorientiert, hat oft ein Schwindelgefühl dabei.*

Desorientierung: Verlust der eigenen Stellung oder Richtung in bezug auf die Gegebenheiten der Umwelt; eine Verfassung, in der die inneren Wahrnehmungen nicht mit den wirklichen Gegebenheiten der Umwelt übereinstimmen; manche Menschen reagieren automatisch in dieser Weise auf Verwirrung. *Im Zustand der Desorientierung werden die Wahrnehmungen verändert.*

Desorientierungsfunktion: Fähigkeit des Gehirns, Wahrnehmungen zu verändern.

Dysgraphie: Form von Legasthenie, bei der die Behinderung sich auf den Akt des Schreibens bezieht. *Wer an Dysgraphie leidet, kann die Hand nur mit Mühe zum Schreiben bringen.*

Dyskalkulie: Form von Legasthenie, bei der die Behinderung sich auf Ziffern und sonstige mathematische Symbole bezieht. *Ein typisches Symptom der Dyskalkulie besteht darin, Telefonnummern nicht behalten zu können.*

Dyslexie: *siehe* **Legasthenie.**

Dyspraxie: Behinderung im motorischen Bereich, die die körperlichen Bewegungen beeinträchtigt. *Dyspraxie kann sich als körperliche Ungeschicklichkeit, schlechte Handschrift oder Sprachbehinderung auswirken.*

Feineinstellung: von Ronald Davis entwickeltes Verfahren zur Überprüfung und Verfeinerung der Orientierung; beruht auf dem Gleichgewichtssinn. *Die Feineinstellung wird erst drei Tage nach der ersten Orientierungssitzung vorgenommen.*

Festhalten: der Versuch, das geistige Auge an einer Stelle zu fixieren. *Festhalten verursacht Kopfschmerzen.*

Gabe der Meisterschaft: Fähigkeit, etwas perfekt zu beherrschen.

Geistiges Auge: das, was unsere inneren Bilder betrachtet. *Das geistige Auge sieht unsere inneren Vorstellungen.*

Gleichgewicht: der Zustand eines Körpers, in dem die entgegengesetzt wirkenden Kräfte einander aufheben. *Die Waage ist im Gleichgewicht.*

Gleichgewichtssinn: Fähigkeit, sich im Gleichgewicht zu halten, zum Beispiel auf einem Fuß zu stehen, ohne zu wackeln; wir können damit die Orientierung überprüfen. *Wenn wir prüfen, ob wir uns im Gleichgewicht befinden, können wir feststellen, ob wir orientiert sind.*

Hyperaktivität: Verfassung, die mit der mangelnden Aufmerksamkeitssteuerung einhergehen kann; der Hyperaktive scheint übertrieben ruhelos, bewegt sich fortwährend und kann nicht stillsitzen. *Hyperaktivität ist das Gegenteil von Lethargie.*

Instabile Orientierung: Gewohnheit des geistigen Auges, sich viel umherzubewegen. *Personen, denen leicht schwindlig wird, wenn sie körperlich in Bewegung sind, zum Beispiel beim Autofahren oder auf einem Boot (Seekrankheit), haben meist instabile Orientierung.*

Konzentration: die angespannte Ausrichtung der Aufmerksamkeit auf nur einen Gegenstand. *Starke Konzentration ruft einen hypnotischen Zustand hervor.*

Legasthenie (Dyslexie): Art von Desorientierung, verursacht durch eine natürliche Fähigkeit, normale Sinneswahrnehmungen zu verändern; Behinderung in Lesen, Schreiben, Sprechen und örtlicher Orientierung, hervorgerufen durch Desorientierung, die von Verwirrung in bezug auf Symbole herrührt. *Legasthenie beruht auf einem besonderen Wahrnehmungstalent.*

Loslassen: Verfahren, wodurch Verspannung gelöst wird (genaue Beschreibung in Kapitel 28). *Wenn wir Verspannung fühlen, lassen wir sie los.*

Lösungen (»alte«, zwanghafte): Verhaltensweisen, Gewohnheiten, geistige Tricks und Kniffe, mit denen man die Fehler und Frustrationen zu umgehen versucht, die durch Desorientierung zustande kommen; Bestandteile einer Lernbehinderung. *Wenn man das Alphabet nicht auswendig lernen kann, bietet das Abc-Lied sich als eine willkommene Lösung an.*

Mangelnde Aufmerksamkeitssteuerung: Krankheit, die stete Aufmerksamkeit und deshalb auch erfolgreiche Mitarbeit in der Schule unmöglich macht; oft mit Hyperaktivität verbunden.

Meisterschaft: vollständige und mühelose Beherrschung einer Materie oder Fertigkeit.

Natürliche Orientierung: generelle Stelle, an der sich das geistige Auge im Laufe der individuellen menschlichen Entwicklung natürlicherweise ansiedelt. *Tänzer und Turner haben oft eine natürliche Orientierung, die bis zu mehreren Metern hoch mitten über dem Kopf liegen kann.*

Nonverbale Begriffsbildung: Denken mit geistigen Bildern von Begriffen oder Ideen; jede Form von Denken, die keine Wörter verwendet. *Intuition ist eine Form von nonverbalem Denken, nonverbaler Begriffsbildung.*

Optimale Orientierung: Position des geistigen Auges, in der alle Wahrnehmungen miteinander harmonieren und ganz genau sind, insbesondere der Gleichgewichtssinn, der Bewegungssinn, die Sicht, das Gehör und das Zeitgefühl. *Optimale Orientierung kommt durch die Feineinstellung zustande.*

Orientieren (sich): seinen Geist in die passende Haltung und Verfassung bringen, so daß die Wahrnehmungen mit den wirklichen Gegebenheiten der Umwelt übereinstimmen; das geistige Auge an einen stabilen Ort bringen, der hinter dem Kopf und oberhalb von ihm liegt. *Wir orientieren uns, indem wir das geistige Auge zum Orientierungspunkt bringen. Wir können dann besser lesen und schreiben.*

Orientierung: Akt des Sichorientierens; Zustand des Orientiertseins; *siehe* **Orientieren.** *Die Orientierung befreit mich von der Verwirrung.*

Orientierungsprogramm nach Ronald Davis: individualisiertes Beratungsprogramm, in dem der Klient lernt, wie er seine Desorientierung abschalten, seine Orientierung aufrechterhalten, mit voller Aufmerksamkeit bei einer Sache bleiben und seine Fertigkeit im Lesen, Schreiben und Rechnen verbessern kann. *Das Orientierungsprogramm nach* Ronald Davis *umfaßt etwa 30 Stunden an fünf aufeinanderfolgenden Tagen einer Woche.*

Orientierungspunkt: ein stabiler Ort nach hinten zu oberhalb des Kopfes, an den man das geistige Auge bringt, um sich zu orientieren; die Stelle variiert ein wenig von Person zu Person. *Wir bringen das geistige Auge immer wieder zurück zum Orientierungspunkt.*

Orientierungstechnik nach Ronald Davis: Gesamtheit aller von RONALD DAVIS entwickelten diagnostischen, therapeutischen und erzieherischen Verfahren. *Der Klient wird in der Orientierungstechnik nach* Ronald Davis *trainiert.*

Orientierungstraining nach Ronald Davis: Verfahren, womit man jemandem hilft, einen stabilen Ort für das geistige Auge zu schaffen, einzunehmen und zu benutzen; Methoden, womit man Desorientierung regulieren, überprüfen und abschalten kann. *Das Orientierungstraining nach* Ronald Davis *zeigt dem Klienten, wie er selbst die Desorientierung unter seine Kontrolle bringen kann.*

Sprache: vom menschlichen Mund gemachte Laute, die Bedeutung haben, bestimmte Inhalte ausdrücken (Begriffe, Gefühle, innere Bilder); geschriebene Symbole, die diese Laute darstellen; die Rede und Schrift eines besonderen Landes oder einer Gruppe. *Wir sprechen die deutsche Sprache.*

Stabile Orientierung: Gewohnheit des geistigen Auges, immer oder fast immer an derselben Stelle zu bleiben. *Personen, die keine legasthenischen Symptome aufweisen, haben meist stabile Orientierung.*

Symbol: ein Zeichen, das für etwas anderes steht oder dieses andere bedeutet. *Die Flagge ist ein Symbol eines Landes.*

Symbolbeherrschungstechnik nach Ronald Davis: Verfahren, mit dem der Klient lernt, wie ein Symbol aussieht, wie es klingt und was es bedeutet. *In der Symbolbeherrschungstechnik nach* Ronald Davis *studieren wir ein*

Symbol, gewöhnlich ein Wort, mit Hilfe eines Wörterbuchs oder Lexikons und formen dann von dem Begriff, der mit dem Symbol gemeint ist, ein Knetemodell.

Toleranzschwelle für Verwirrung: der Punkt, an dem jemand völlig von seiner Verwirrung überwältigt wird. *Wenn Legastheniker ihre Toleranzschwelle für Verwirrung erreichen, werden sie desorientiert.*

Überprüfung: Verfahren, das nach dem Orientierungstraining benutzt wird, um festzustellen, ob der Orientierungspunkt an der richtigen Stelle sitzt. *Wir nehmen die Überprüfung wenigstens einmal am Tag mit dem Klienten vor.*

Verbale Begriffsbildung: Denken mit den Lauten der Wörter. *Wenn man seine Gedanken innerlich als Wörter hört, denkt man verbal.*

Verwirrung: überwältigendes Gefühl von Unklarheit, Chaos, Ratlosigkeit. *Im Legastheniker schafft Verwirrung Desorientierung.*

Wahrnehmung: Information, die von den Sinnesorganen zum Gehirn gelangt. *Durch die Wahrnehmung stehen wir in Kontakt mit der Umwelt.*

Wahrnehmungsdiagnose: Methode zur Bestimmung, ob der Klient die Desorientierungsfunktion besitzt.

Wort: ein komplexer gesprochener Laut (oder eine Gruppe von Buchstaben, die diesen Laut darstellen), der eine Bedeutung im Rahmen der Sprache hat. *Der Satz besteht aus mehreren Wörtern.*

Register

A

ABC-Lied 47, 81, 84, 139, 217
Alphabet 52, 57, 84, 217, 261
Alphabettraining 218
»alte Lösungen« *siehe* zwanghafte Lösungen
Andersen, Hans Christian 22
Ankertaue 172ff, 187, 202, 211
Aufmerksamkeit 71f, 261
Augen 94, 90
– Flimmerverschmelzungsfrequenz 116
– Verschluß- oder Belichtungszeit 116
Auslöser 39, 261
Auslösesymbole 216
Auslösewörter 40, 78, 80, 216, 240, 249, 261
Ausprachetraining 228
Autismus 84, 126

B

Begriffsbildung *siehe* verbale Begriffsbildung, nonverbale Begriffsbildung
Begriffszentrum 93
beherrschen 127, 262
– Beherrschung 114, 230, 262
Belichtungszeit *siehe* Augen
Bell, Alexander Graham 22
Bewegungssinn 35, 76, 137
Bewußtseinsspanne 116, 117
Bildgestaltung 32
Bildhauerei 108

C

Cher 23
Churchill, Winston 22

D

Da Vinci, Leonardo 22, 119
Darwin, Charles 22
desorientieren (sich) 38, 59, 73, 79, 81, 117, 262
Desorientierung 33ff, 75ff, 84, 95, 118, 121, 135ff, 144f, 161, 216, 262
Disney, Walt 23, 24
Dopamin 60
Dysgraphie 62, 263
Dyskalkulie 59, 263
Dyslexie 59, 263

E

Edison, Thomas A. 22
Ehrlich, Paul 22
Einstein, Albert 22, 24, 61, 115, 117
Eisenhower, Dwight D. 22, 24, 61, 115, 117
Erkennung 100, 116

F

Feineinstellung 204ff, 263
Festhalten 28f, 263
Flimmerverschmelzungsfrequenz *siehe* Augen
frühkindliche Entwicklung 89ff

G

Gehör 136
geistig zurückgeblieben 90
geistiges Auge 34f, 93, 140ff
Geräusche 35, 37, 136, 191
Gleichgewicht(ssinn) 76, 95, 137, 204, 212
Glover, Danny 23
Goldberg, Whoopi 23
Grammatik 247

H

Handschrift 66
Hyperaktivität 55, 69, 73ff, 137, 264
Hypnose 45
Hypoaktivität 137

I

Intuition 23, 37, 112, 116ff
- intuitiv 49, 91, 107, 123

J

Jenner, Bruce 23

K

Kinetose 135
Knetemodell 217
Konzentration und Aufmerksamkeit 45, 47, 71, 137
Koordinationsstörungen 137
Kopfschmerzen 48, 198f, 201, 263
Kosslyn, Stephen 93
Krabbeltraining 123
Kreativität 24, 81, 123ff

L

Langeweile 59, 72
lautlich 29
Legasthenie 21, 264
- Symptome 31, 38, 112, 131ff
- Talente 23, 94, 108, 122ff, 126, 139
Legastheniker 23, 30, 142
- Erwachsene 45, 48, 107ff
- Kinder 47, 90ff
Lernbehinderung 26ff, 97, 102, 132, 257
Leseschwäche 50ff
Loslassen 198ff, 265
Louganis, Greg 23

M

mangelnde Aufmerksamkeitssteuerung 69ff, 265
(Gabe der) Meisterschaft 24, 114, 127ff, 263, 265
modellieren (aus Knete) 82, 218, 225, 231, 240ff, 245ff

N

Nervenbahnen 63ff
nonverbale Begriffsbildung 27ff, 81
nonverbales Denken 27ff, 80, 97ff, 114, 132

O

orientieren (sich) 33, 266
Orientierung 33, 79, 137, 143, 164, 266
Orientierungsprogramm 266
Orientierungspunkt 144, 174ff, 198, 266
- optimaler 204ff
Orientierungstechnik 267
Orientierungstraining 79f, 144, 167ff, 237, 267
Orton, Samuel T. 26

P

Patton, General George 22
phonisch 51, 133
Piaget, Jean 88
piktographisch 29, 54

R

Rechenschwäche 59ff
Rechtschreibschwäche 56ff
Rechtschreibung 136
Ritalin 73f
Rockefeller, Nelson 22
Rodin, Auguste 22

S

Satzzeichentraining 225ff
Schreibschwäche 62ff, 107
Schriftarten 51, 53
Schriftsatz 51
Schrifttypen 224, 229
Selbstwertgefühl 21
Serife 229
Smith, Joan M. 18
Sprachen 267
– Verschiedenheit 54f
Stewart, Jackie 23
Symbol und Ding 267
Symbolbeherrschung 65, 78, 80f, 216ff, 231, 240ff, 257
Symbolbeherrschungstechnik 84, 128, 231, 241ff, 259, 267f
Symbolbeherrschungstraining 82, 216ff

T

tagträumen 37, 72, 81, 115, 117, 137
Tastsinn 35
Toleranzschwelle für Verwirrung 268
Typographie 51

U

Überprüfung 201f, 268
unterschwellige Wahrnehmung 116f
unterschwelliges Denken 117

V

Verantwortung 106, 193f
verbale Begriffsbildung 27, 268
verbales Denken 27, 97ff, 115
Verschluß- oder Belichtungszeit *siehe* Augen
Verwirrung 32, 38, 41f, 72, 95, 99, 216, 268
vielschichtige Wahrnehmung 118f, 144
vielschichtiges Denken 118f

W

Wahrnehmungsveränderung 35, 76, 89, 95, 99, 109, 134, 138
Wahrnehmungsdiagnose 152ff, 268
Wahrnehmungszentrum 34, 140
Wilson, Woodrow 22
Wißbegier 73f, 94, 121f
Wörterbuch 47, 81, 217, 224f, 228, 241, 244

Z

Zeitsinn 35, 59f, 137
Zone des Wohlgefühls 205
zwanghafte Lösungen 46ff, 108, 134, 137f, 265
– »alte Lösungen« 46, 104, 198, 258, 265

Kontaktadressen

Wer an Beratung oder an professionellem Training in der Davis-Technik interessiert ist, wende sich an:

Das Zentrum von Ronald Dell Davis:

Davis Dyslexia Association International
1601 Bayshore Highway, # 245
Burlingame, CA 94010, USA
Telefon 001/650/692 7141
Telefax 001/650/692 7075
E-mail: ddai@dyslexia.com
WWW: http://www.dyslexia.com

Kontaktadresse für Deutschland:

Davis™ Dyslexia Association Deutschland
Conventstraße 14
D-20089 Hamburg
Telefon 040/25 17 86 22
Telefax 040/25 17 86 24
E-mail: germany@dyslexia.com
WWW: http://www.dyslexia.de

Kontaktadresse für die Schweiz:

Davis Dyslexia Association Schweiz
Munsterberg 1
CH-4001 Basel
Telefon 061/273 81 85
Telefax 061/272 42 41
E-mail: ch@dyslexia.com
WWW: http://www.dyslexie.com

Diese Anmerkung betrifft Eltern, Lehrerinnen und Lehrer und alle Interessierten:

Die im Buch aufgezeigten Informationen und Methoden dürfen Sie gerne mit Freunden, Studenten und Familienmitgliedern anwenden. Doch bitten wir Sie zu berücksichtigen, daß Davis Dyslexia Korrektur®, Davis Orientierungsberatung®, Davis Symbol-Beherrschung®, Davis Lern-Strategien™, das Davis-Logo und der Name Davis® von der Davis Dyslexia Association International international geschützt sind. Der Gebrauch dieser Markennamen im schulischen, erzieherischen und therapeutischen Bereich oder beim Verkauf von Produkten ist nur lizenzierten Fachleuten erlaubt, die einen strikten Qualitätsstandard einhalten müssen. Wenn Sie professionelle Hilfe in der Davis-Methode suchen, wenden Sie sich am besten an die nächste Davis Dyslexia Association oder besuchen Sie unsere Website http://www.dyslexia.com, damit Sie sicher sind, daß die Davis-Beratung durch eine lizenzierte Fachperson durchgeführt wird.